Alexej Remisow

Der goldene Kaftan

manesse im dtv

Alexej Remisow
Der goldene Kaftan

und andere russische Märchen

Aus dem Russischen übersetzt
und Nachwort von
Ilma Rakusa

Deutscher Taschenbuch Verlag
Manesse Verlag

Titel der Originalausgabe:
‹Dokuka i Balagur'e›
Petersburg 1914

Oktober 1994
Deutscher Taschenbuch Verlag GmbH & Co. KG,
München

Gestaltungskonzept: Max Bartholl
Umschlagbild: Farnos Rotnase,
kolorierter Holzschnitt, 1. Hälfte 18. Jh.
Gesamtherstellung: C. H. Beck'sche Buchdruckerei,
Nördlingen
Printed in Germany · ISBN 3-423-24041-5

«Ich gedenke hier des tauben Ofensetzers und Märchenerzählers, der mir sein Märchen überliefert hat, und sage ihm Dank, ich gedenke auch jener andern unbekannten Märchenerzähler, nach deren Worten ich meine Märchen erzählt, und sage ihnen Dank, ich gedenke auch jener, die die Märchen aufgezeichnet und uns diese Gabe des russischen Volkes bewahrt haben, und sage ihnen Dank, und ich verneige mich vor dem ganzen russischen Volk – für sein geistiges Ansinnen und seinen heiteren Witz.»

Alexej Remisow

Russische Frauen

Die Erkorene

Drei Jahre spielte der Jüngling mit der Jungfrau, drei Herbste lang. Viele heimliche Worte wurden zwischen ihnen ausgetauscht. So sehr liebte Maria den Iwan.

Wer liebt heute noch so?

Es kam die Zeit, da das Mädchen verheiratet werden sollte. Da gab man Maria einem andern, nicht dem Iwan gab man sie.

Ein tüchtiges Werk hatten die Alten vollbracht. Der Schwiegersohn war verständig und reich, und das war ihnen recht. Der Frau aber war dies Leben kein Honig, Maria ward finster, finsterer als die Herbstnacht, nur ihre Augen brannten wie Kerzen, sie trug schwer an der Last – und ihr Herz erstarrte vor Kälte, lustlos und ohne Freude sang sie des Abends traurige Lieder, zum Sterben war ihr zumut. Aber sie duldete und unterwarf sich dem Schicksal.

Drei Jahre lebte Maria mit dem Ungeliebten, drei Herbste. Da begann ihr der Hals zu schmerzen. Nicht lange lag sie darnieder, sie starb am Tage der Heiligen Kosmas und Damian. Und man beerdigte Maria.

Der Winter kam und die Fröste – weißer Schnee bedeckte das Grab. Und es lag Maria unter dem weißen Schnee, ihre Augen brannten nicht mehr, und die Lider waren fest geschlossen.

Da erhob sich Maria nachts aus dem Grab und ging zu ihrem Mann.

Fjodor bekreuzigte sich, der ungeliebte Mann. «Verflucht sei dies Weib!» Und er ließ sie nicht ein.

Da ging Maria zum Vater, zur Mutter machte sie sich auf.

«Was starrst du einen so an?» sagte der Vater.

«Wohin eilst du, Satan?» sagte die Mutter.

Es erschrak der Vater, die Mutter erschrak, und sie ließen die Tochter nicht ins Haus.

Da ging Maria zu ihrer Taufpatin.

«Weg, du sündige Seele, weg mit dir, hier ist kein Platz für dich!» Und die Taufpatin wies dem Patenkind die Tür.

Da blieb Maria allein – fremd in der weiten Welt, nur der Himmel bedeckte sie.

«So geh ich denn zu meinem Verflossenen», besann sich Maria, «er wird mich schon aufnehmen!»

Und sie ging zu Iwan und stellte sich unter sein Fenster. Da sitzt Iwan am Fenster und malt ein Heiligenbild – die Gottesgebärerin ist's. Sie klopfte ans Fenster. Iwan weckte seinen Gehilfen – es war Nacht –, und sie gingen mit Beilen bewaffnet in den Hof.

Als der Gehilfe Maria sah, erschrak er, denn er glaubte, sie würde ihn fressen – und er lief, ohne sich umzusehen, davon.

Sie aber sprach zu Iwan: «Nimm mich auf, ich will dir nichts antun.»

Da freute sich Iwan, trat auf sie zu und schloß sie in seine Arme.

«Halt ein», sagte sie, «faß mich sachter an, meine Knochen sind vom Liegen ganz mürbe!»

Und sie schaut – und kann sich nicht sattsehen, freut sich – und kann sich nicht genug freuen. So sehr liebte Maria den Iwan!

Wer liebt heute noch so?

Iwan nahm Maria auf, zeigte sie niemand,

kleidete sie, gab ihr Speise und Trank. Und so lebten sie bis Weihnachten zusammen.

Zu Weihnachten gingen sie in die Kirche. In der Kirche schauen alle auf Maria: der Vater, die Mutter, ihr Mann Fjodor und die Taufpatin.

«Das könnte meine Tochter sein!» sagt die Mutter.

«Sie ist es!» sagt der Vater.

So unterhielten sich der Vater, die Mutter, der Mann und die Taufpatin.

Und als der Gottesdienst zu Ende war, ging Maria auf ihre Mutter zu.

«Ich bin es», sagte sie; «wißt ihr noch, wie ich nachts zu euch kam und ihr habt mich nicht eingelassen – da ging ich zu meinem Verflossenen, und der nahm mich auf.»

Und alle erkannten Maria und entschieden so: nicht dem alten Mann, dem Fjodor, gab man sie zurück, man gab sie dem Iwan.

Hei, der Frühling – der Schnee ist weg, die keimende Saat grünt, und in der Woche nach Ostern wurden Iwan und Maria getraut.

Hier ist das Märchen zu Ende, hier endet die Mär.

1910

Die Ersehnte

Die Großmutter wollte nicht, daß der Enkel heirate: leid tat es der Alten, sich vom geliebten Enkel zu trennen. Er aber bestand auf dem Seinen. Und als er zum Traualtar schritt, stellte sich die böse Alte auf die Trauschwelle und verfluchte den Enkel.

«Daß dich der Teufel hole», sagte sie, «dreihundertdreiunddreißig Teufel sollen dich holen, verflucht nochmal!»

Und als das junge Paar vom Traualtar zurückkehrte, packte der Teufel den Enkel, und weg war er.

Und so blieb das junge Weib ohne Vermählten und weinte. Elend ist ihr allein und elend das Leben auf Erden: die weite Welt ist ihr so fremd ohne den Vermählten.

«Eine Schlinge um den Hals oder den Mann zurück!» dachte sie immerfort und schickte den Schwiegervater, den Mann zu suchen.

Leid tat es dem Alten um seinen Sohn. Und so sprach er zu seiner Alten: «Back mir Fladen für den Weg, ich geh den Sohn suchen.»

Und die Alte buk Fladen, rüstete den Alten für die Reise, und der Alte ging in den Wald. Im Walde ging er immer weiter und weiter, bis er auf ein Hüttchen stieß – daselbst im Walde –, und er trat in das Hüttchen, legte die Fladen auf den Tisch und kroch hinter den Ofen.

Da hörte der Alte: es kommt einer... kratzt auf der Geige, klimpert auf der Balalaika, schon kommt er... betritt das Hüttchen, setzt sich auf die Bank...

«Leid tut es mir um mein Väterchen», sagte er, «leid um mein Mütterchen», und er kratzt auf der Geige, klimpert auf der Balalaika, «leid tut es mir um meine junge Frau...

Wie wenn ich nicht lebte und wär gestorben,
Wie wenn ich noch lebte und wär verdorben!»

Da freute sich der Alte, da er den Sohn erkannte, und kam hinter dem Ofen hervor.

«Ei, du mein lieber Sohn», sprach er, «komm nach Hause mit mir.»

«Nein, Vater, das darf nicht sein!» Und der Sohn verließ die Hütte.

Der Vater ihm nach: «Ich laß nicht von dir; wohin du auch gehst, da gehe ich mit.»

Und sie näherten sich einer Grube – daselbst im Wald. Der Sohn nahm Abschied vom Vater. Bis zur Erde verneigte er sich vor dem Vater – und, bums, in die Grube. Der Alte stand nur und stand, wagte nicht, dem Sohn in die Grube zu folgen, und so ging er denn, bittere Tränen vergießend, wieder heim.

Am Dorfeingang erwartete das junge Weib den Alten, sie brennt vor Neugier: «Nun, hast du ihn gesehen?»

«Gesehen wohl, aber mitnehmen konnte ich ihn nicht», und er erzählte alles, was sich zugetragen hatte.

Das junge Weib wurde weiß wie Leinwand.

«Ich», sagte sie, «ich gehe morgen... selbst hin. Wohin er geht, geh auch ich. Ich laß nicht von ihm.»

«Nein, Schwiegertochter, du wirst von ihm lassen.»

Sie jedoch: «Nein, ich laß nicht von ihm.»

Die alte Großmutter aber fletschte, wie sie dies hörte, ihren schwarzen Zahn und lachte, die Hexe: «Du wirst schon von ihm lassen!»

Das junge Weib buk Fladen, wartete ab, bis es tagte, und als sich die Sonne erhob, ging sie in den Wald, nahm den Weg, den ihr der Alte gewiesen hatte, und stieß auf das Hüttchen – daselbst im Wald. Sie trat in das Hüttchen, legte die Fladen auf den Tisch und kroch hinter den Ofen.

Da hört das junge Weib: es kommt einer... kratzt auf der Geige, klimpert auf der Balalaika, schon kommt er... betritt das Hüttchen, setzt sich auf die Bank...

«Leid tut es mir um mein Väterchen», sagte er, «leid um mein Mütterchen», und er kratzt auf der Geige, klimpert auf der Balalaika, «leid tut es mir um meine junge Frau...

Wie wenn ich nicht lebte und wär gestorben,
Wie wenn ich noch lebte und wär verdorben!»

Da kam sie hinter dem Ofen hervor und stürzte auf den Mann zu.

«Nun, du mein geliebter Mann», sprach sie, «wohin du auch gehst, da gehe ich mit. Ich laß nicht von dir.»

«Du wirst schon von mir lassen», sagte er, «du Ärmste!»

«Nein, ich laß nicht von dir.»

Und sie gingen zusammen aus der Hütte in den Wald und näherten sich selbiger Grube, und unter Tränen nahm er Abschied von ihr.

«Leb wohl, meine Ljubawa», sagte er, «du wirst mich nie mehr sehen.»

Sie aber: «Wohin du auch gehst, da gehe ich mit.»

«Nicht doch, folge mir nicht, tu mir den Gefallen.»

«Ich gehe mit, um keinen Preis laß ich von dir.»

Er aber sprang, bums, in die Grube, und weg war er. Sie stand nur und stand, dann sprang sie ihm nach – in die Grube.

«Einerlei», sagte sie sich, «wo er ist, da will auch ich sein: unser Leben ist eins!»

Und wie sie hinter ihm her in die Grube sprang, sieht sie: da ist ein Weg und ein Haus, er nähert sich schon dem Hause.

Sie holte ihn ein und hielt ihn fest: «Ich bin bei dir!»

«Ach», sagte er, «jetzt sind wir beide verloren, du und ich: man spielt zur Hochzeit auf, ich soll die Tochter heiraten.»

Und zusammen betraten sie das Haus. Dort aber sitzt ein Alter, schrecklich anzusehen, und mit ihm sitzen dreihundertdreiunddreißig Teufel und spielen zur Hochzeit auf.

«Wen bringst du da mit?» fragte der Alte, das Oberhaupt.

«Meine Frau ist's, Ljubawa.»

Sie aber fiel dem Alten zu Füßen. Da begann sie der Alte zu schlagen: er prügelte sie, kniff sie, versetzte ihr Fußtritte, und wie er mit seinem Riesenfuß auf sie trat – schrie sie entsetzlich, er war ihr auf die Kehle getreten.

«Tragt sie weg», schrie der Alte und keuchte vor Zorn, «sie und ihn, schleppt sie aus diesem Hause fort, dorthin, wo ihr sie geholt habt, und daß ich sie nicht mehr rieche!»

Und so schleppte man sie hinaus. Und man schleppte sie nachts vor ihr Haus und schmetterte sie gegen die Vortreppe, daß das ganze Haus erzitterte!

So holte sich Ljubawa ihren Mann zurück, den ersehnten und geliebten Pjotr.

Und sie lebten fortan in Frieden und Eintracht, vom Bösen verschont.

1909

Die Verurteilte

Es war einmal ein Händler – ein reicher Kaufmann. Er war gläubig und betete zu Gott, daß dieser ihm Gutes beschere.

Einst fuhr der Kaufmann zum Jahrmarkt, hielt sich unterwegs in einer Stadt auf und erreichte erst bei Einbruch der Nacht jenen Ort. Der Kaufmann stieg in einer Herberge ab. Es war zu später Stunde, und so trank er nicht einmal Tee, sondern verrichtete gleich sein Gebet und legte sich schlafen.

Da war ihm, als hätte jemand ans Fenster geklopft und er wäre aufgestanden, ans Fenster getreten und hätte gefragt: «Was ist los?»

«Zu dieser Stunde», antwortete eine Stimme aus dem Hof, «wurde ein Kind in diesem Hause geboren, und ich sag dir, was diesem Kinde zustoßen wird.»

«Was wird ihm denn zustoßen?»

Und wieder antwortete die Stimme aus dem Hof: «Bis zu seinem siebzehnten Lebensjahr wird dieses Kind heranwachsen, an seinem siebzehnten Namenstag aber wird es sich am Brunnen auf der Straße den Tod holen.»

Und weiter kein Wort. Der Kaufmann schlief und hörte nichts mehr.

Am Morgen erwachte der Kaufmann, gedachte seines Traumes und eilte zum Hausherrn. Die Hausherrin aber hatte in der selbigen Nacht ein Kind geboren – ein Mädchen. Da regte sich Mitleid im Herzen des Kaufmanns, und er überlegte, wie er das Mädchen erretten, wie er die Verurteilte vor dem unabwendbaren Unglück bewahren könnte, und er sagte zum Vater: «Während des ganzen Jahrmarkts werde ich hier Handel treiben, so nehmt mich doch zum Gevatter.»

Der Hausherr sah, daß der Kaufmann reich war und ein guter Mensch dazu, und so willigte er ein und nahm ihn zum Gevatter. Und sie feierten ein reiches Tauffest. Der Kaufmann sparte nicht mit Geld und beschenkte alle großzügig – die Gevatterin und das Patenkind. Allen gefiel der Kaufmann.

Der Jahrmarkt ging zu Ende, und für den Kaufmann wurde es Zeit, nach Hause zu fahren. Da verabschiedete sich der Taufpate und sprach: «Wenn mein Patenkind am Leben bleibt, vermache ich ihm allerlei Güter und Geld, und wenn es siebzehn Jahre alt wird, an seinem siebzehnten Namenstag, komme ich selbst vorbei, falls ich noch unter den Lebenden weile.»

Das Patenkind wuchs heran, sechzehn Jahre waren vergangen. Groß ist das Patenkind geworden und so schön, daß es schöner nicht sein könnte. Sechzehn Jahre waren vergangen, und nicht ein einziges Mal hatte der Taufpate sein Patenkind besucht. Nun warten alle auf den Paten: zwei Tage noch sind es bis zum Namenstag – ob er schon unterwegs ist?

Der Kaufmann war gläubig und betete zu Gott, daß dieser ihm Gutes beschere. Er hatte seinen Traum nicht vergessen und auch nicht sein Versprechen. Er wird sein Patenkind erretten, wird die Verurteilte vor dem unabwendbaren Unglück bewahren: er allein kennt ihr Los, er allein kann ihr Schicksal lenken.

Und der Kaufmann machte sich auf den Weg.

Sein Patenkind kommt ihm entgegen: «Grüß dich, Gevatter!» Und es schaut ihn an und ist so schön, daß es schöner nicht sein könnte.

Der Kaufmann hatte dem Mädchen ein Gewand mitgebracht, zum Entzücken aller.

Und es begannen die Vorbereitungen zur Feier. Da sprach der Gevatter zur Gevatterin: «Schöpft reichlich Wasser aus dem Brunnen, auf daß es für zwei Tage genug sei.»

Da schöpfte die Gevatterin Wasser in die Eimer, Wasser für zwei volle Tage. Und der Kaufmann hieß den Brunnen mit Leder überziehen. Er selbst hatte das Leder besorgt, er selbst prüfte, ob alles in Ordnung sei: glatt und geschmeidig.

Und es kam der Namenstag des Patenkinds, der siebzehnte Namenstag.

«An seinem siebzehnten Namenstag wird es sich am Brunnen auf der Straße den Tod holen!» erinnert sich der Kaufmann und tut keinen Schritt von des Patenkinds Seite, verfolgt es wachsam mit dem Blick.

Fröhlich war es im Haus – ein fröhliches Fest gab der Kaufmann –, es tranken und scherzten die Gäste. Nur das Patenkind will nicht essen.

«Ich mag nicht, ich brauch gar nichts!» Und sie verweigerte alles, von einer plötzlichen Wehmut ergriffen.

Der Gevatter mochte sie bewirten, wie er wollte, er konnte sie mit nichts erheitern. Nichts ging ihr zu Herzen, nur eine Unruh sitzt in ihr: ins Freie will sie, im Freien sich umtun. Und noch bevor das Mahl zu Ende war, stand sie vom Tisch auf und ging hinaus auf die Straße. Der Gevatter ihr nach.

Sie ging, als würde sie von jemand geführt; sie ging schnell und behend und geradewegs zum Brunnen.

Da holte der Gevatter sie ein, nahm sie an der Hand und hielt sie fest.

«An seinem siebzehnten Namenstag wird dieses Kind sich am Brunnen auf der Straße den Tod holen!» So klangen die prophetischen Worte, und der Kaufmann behielt sie fest im Gedächtnis.

Sie aber entwand sich seinen Armen und fiel hin – fiel auf das weiche, glatte Leder... beim Brunnen.

Da kam der Taufpate wie zur Besinnung und rief: «Mascha! Maschenka!»

Mascha aber war tot.

Und man trug sie ins Haus und beerdigte sie – und vergoß viele Tränen. Doch was halfen die Tränen! Von Geburt an war es ihr vorbestimmt.

1912

Die Rührselige

Es waren einmal ein alter Mann und eine alte Frau, die hatten zwei Enkel: ein Mädchen und einen Jungen. Die Tochter war in die Stadt gezogen, den Herrschaften zu dienen, und ward nie mehr gesehen, den Sohn aber hatte ein Baum erschlagen – solches Mißgeschick traf ihn von Gott, obwohl er kein Dieb und kein Räuber gewesen, ach wo!

Das Hüttchen war alt und dunkel; der Alte trug das Licht in einem Sack in die Hütte, aber kann man denn in einem Sack viel Licht tragen? Auch eine Kuh hatten sie; sie führten die Kuh zum Badehaus, dort wuchs Gras, und die Kuh fand Futter. Eine Sense, das Gras zu mähen, besaßen die Alten nicht: irgendein Spitzbube hatte die Sense entwendet. So lebten sie schlecht und recht.

Eines Tages schickten die Alten ihre Enkelin Njuschka zum Ufer, den Lindenbast zu spülen – den Bastwisch. Und sie warteten und warteten, Njuschka aber kam nicht. Die Großmutter wurde unruhig und machte sich auf, das Mädchen zu suchen. Als die Alte sich dem Steg näherte, sah sie: Njuschka sitzt da und weint.

«Was weinst du denn, mein Kindchen?»

Das Mädchen aber zeigte mit dem Finger auf das Dorf, das hinter dem See lag, und brach in Schluchzen aus.

«In diesem Dorf werde ich heiraten und einen Knaben zur Welt bringen. Und wenn der Knabe sein zwölftes Lebensjahr erreicht, wird er über dünnes Eis gehen und ertrinken!»

Da fing auch die Großmutter zu weinen an.

Der Enkel aber machte sich auf, die Großmutter und die Schwester zu suchen – wo stecken sie nur? –, er lief hierhin und dorthin, lief um den Hof herum – wo stecken sie nur? Da lief der Junge zum Steg und sah: die Großmutter und Njuschka sitzen auf dem Steg und weinen bitterlich; die Schwester erstickt fast vor Tränen.

«Hör dir an, was dein Schwesterchen sich ausgedacht hat», sagte unter Tränen die Großmutter; «sie wird in jenem Dorfe heiraten, einen Knaben zur Welt bringen, und wenn der Knabe sein zwölftes Lebensjahr erreicht, wird er über dünnes Eis gehen und ertrinken.»

Der Enkel hörte sich alles an und brach in Schluchzen aus.

Der Großvater aber hatte Sehnsucht nach dem Enkel und rief Petka – doch Petka war verschwunden.

«Ah!» fiel dem Großvater ein, «der Lausekerl ist gewiß in den See baden gegangen!» Und er ging langsam zum Ufer, Petka zu suchen.

Da sieht er: alle drei sitzen sie schön nebeneinander auf dem Steg – die Großmutter, die Enkelin und der Enkel – und weinen.

«Was weint ihr denn, meine Lieben?»

Die Enkelin Njuschka aber heulte los und ballte die Fäuste.

«Hör nur, Alter», murmelte die Alte, «was unsere Enkelin Njuschka sich ausgedacht hat: sie wird in jenem Dorfe heiraten, einen Knaben zur Welt bringen, und wenn der Knabe sein zwölftes Lebensjahr erreicht, wird er über dünnes Eis gehen und ertrinken.»

Der Großvater hielt lange an sich und brach dann in Tränen aus.

Und sie saßen am Ufer und weinten – der Alte, die Alte und ihre beiden Enkel: das Mädchen und der Junge.

Und niemand tröstete sie, die Alten und die Jungen. Die Tochter war in die Stadt gezogen, den Herrschaften zu dienen, und ward nie mehr gesehen, den Sohn aber hatte ein Baum erschlagen – solches Mißgeschick traf ihn von Gott, obwohl er kein Dieb und kein Räuber gewesen, ach wo!

Wie schwer unsre Sünden doch sind!

1909

Die Verlorene

1

Ein Kaufmann hatte eine Tochter namens Domna. Streng hielt sie der Vater: auf die Straße durfte sie nicht, noch sonstwohin, nie übertrat sie die Schwelle ohne ihn. Im Obergemach saß Domna. Auch das Essen – fertig zubereitet – brachte man ihr hinauf. Und so saß sie in ihrem Obergemach und betrachtete Gottes Welt durch das Fenster.

Ein reicher Kaufmann war Domnas Vater: eine eigene Schenke hatte er, und vierzig Schenken hielt er sich daselbst. Im Hause des Kaufmanns verkehrte viel Volk. An Feiertagen aber besammelten sich die Burschen, heckten Spiele aus und vergnügten sich.

So spielten die Burschen, die einen das Klötzchenspiel, die andern Ball.

Da flog einmal der Ball zu Domna ins Obergemach. Domna aber schloß sogleich das Fenster. Und wie sehr man sie auch bat, sie gab den Ball nicht heraus.

Da kletterte einer von den Burschen, er hatte Krallen an den Stiefeln und Krallen an den Handschuhen, zu ihrem Fenster hinauf. Domna öffnete das Fenster und reichte ihm den Ball.

Und von jener Stunde an begann der Kühne, des Kaufmanns Tochter zu besuchen.

2

Einmal sitzt der Freund bei Domna im Obergemach. Da kommt der Vater. Was soll sie tun? Wohin den Freund verstecken? Und sie legte ihn ins Bett und deckte ihn mit den Kissen zu.

Der Vater kam und setzte sich aufs Bett: und er fragte die Tochter über dies und jenes aus.

Streng war der Alte, streng hielt er seine Tochter; ohne Domna unternahm er nichts, nur mit ihr beriet er sich. Der Alte liebte seine Tochter: war sie doch sein einziges Kind.

Über den Gesprächen wurde der Alte müde, er streckte sich bequemer aus und schlief ein. Der Freund aber lag unter dem Alten und gab den Geist auf: ohne Luft kann man nicht atmen, und er erstickte.

Was soll sie tun? Dem Vater wagte sie es nicht zu sagen: er würde ihr niemals verzeihen, streng war der Alte, streng hielt er seine Tochter. Da wandte sich Domna an den Hausknecht.

«Hilf mir, Maxim», sprach sie, «räume ihn weg. Sonst bringt mich mein Väterchen noch um.»

Für den Hausknecht aber – einen Nichtsnutz aus der Stadt, der sich in der Stadt herumgetrieben hatte, aufs Land zurückgekehrt und Hausknecht beim Kaufmann geworden war –, für ihn war's ein leichtes, er trug den Burschen in den Hof und schaffte ihn fort.

Und von jener Stunde an begann der Nichtsnutz, des Kaufmanns Tochter zu besuchen, genau wie der verstorbene Freund.

3

Der Herbst kam, die Nächte waren finster.

Es versammelten sich des Kaufmanns Schenken, alle vierzig Mann, an einem Feiertag in der Schenke. Auch der Hausknecht war da: ohne ihn gab's kein Fest. Die Burschen betranken sich und begannen daherzureden: der eine dies, der andere das – natürlich prahlten sie, denn der Wein macht prahlerisch!

Da sagte der Hausknecht: «Was wollt ihr eigentlich! Ich», sagte er, «verkehre bei der Kaufmannstochter!»

«Du lügst», zetern die andern, «das ist nicht wahr!» kreischen sie alle.

«Aber es ist so!» beharrt der Nichtsnutz.

«Wenn du bei ihr verkehrst, so bring sie her.»

«Ich werde sie euch bringen!» ereifert sich der Nichtsnutz. Und schon verläßt er die Schenke und eilt in das Haus des Kaufmanns, ins Obergemach.

Spät war's, und alle Leute schliefen.

Der Hausknecht weckte Domna. Sie mußte mit, da halfen keine Tränen.

Und der Nichtsnutz führte die Kaufmannstochter in die Schenke, stellte sie in die Mitte der Stube vor die Schenken und brüstete sich.

«Bewirte die Gäste», sagte er, «verneige dich vor ihnen!»

Da nahm Domna ein Tablett, stellte zwei Gläser und eine Flasche Branntwein aufs Tablett und machte die Runde, bewirtete alle.

Die Gäste trinken und blinzeln: ihre Gesichter sind rot vor Trunkenheit. Hat sich Domna mit dem Nichtsnutz eingelassen, so können sie sie erst recht kriegen, denken sich alle und mustern sie frech. Die Gäste trinken und blinzeln.

Sie aber hält den Blick gesenkt, macht die Runde, verneigt sich.

Und die Schenken betranken sich und fielen von den Bänken unter den Tisch, und der Hausknecht schnarchte unter dem Tisch. Alle schliefen, alle vierzig Schenken.

Nur Domna allein steht noch in der Schenke, allein mit dem Tablett.

«Morgen werden es alle wissen und dem Väterchen hinterbringen!» denkt Domna, und es zerreißt ihr fast das Herz.

Und Domna öffnete ein Branntweinfaß, ließ den Branntwein auslaufen und setzte ihn in Brand. Sie selbst aber eilte nach Hause, in ihr Obergemach.

Als sich der Alte am Morgen erhob, meldete ihm ein Bote: «Die Schenke ist verbrannt, die vierzig Schenken sind in der Schenke verbrannt, und dein Hausknecht dazu.»

Da eilte der Alte zu Domna: ob er Kummer empfand oder Freude, stets holte er sich bei ihr Rat, bei ihr allein. Streng war der Alte, streng hielt er seine Tochter. Er liebte sie, war sie doch sein einziges Kind.

«Was schläfst du, meine Tochter», sagte er, «ein Unglück hat uns heimgesucht.»

Sie aber ist ganz verstört.

«Ach, Väterchen, schwer war's mir, schwer... ich schlief nicht, konnte nicht schlafen...»

«Die Schenke ist verbrannt, die vierzig Schenken sind in der Schenke verbrannt...», sagte der Vater und schaute die Tochter an, und plötzlich hatte der Alte begriffen: «Alle, alle sind sie verbrannt, auch dein Hausknecht!»

1911

Die Schüchterne

Es war einmal ein Mädchen, das hatte Vater und Mutter verloren. Und so blieb Feodossja allein, ohne Vater und Mutter, und ließ sich mit dem Knecht des Vaters ein.

Er war ein guter Bursche und gewann Feodossja sehr lieb, und auch Feodossja hing an ihm, und gerne hätten sie zusammengelebt, aber die Leute nahmen sie ins Gerede – und das war schlecht.

Feodossja ließ sich einschüchtern.

Sie ging zu ihrem Onkel und bat Onkel und Tante: «Nehmt mich auf, gewährt mir Obdach.»

Onkel und Tante aber sprachen: «Laß von deinem Freund, und wir nehmen dich auf.»

Feodossja war zu allem bereit: so sehr hatte man das Mädchen eingeschüchtert.

«Ich lasse von ihm», sagte sie, «ich verlaß ihn gewiß, nur nehmt mich auf.»

Und die Alten gewährten der Nichte Obdach, und so lebte Feodossja im Hause des Onkels: wie eine Tochter lebte sie, aber von ihrem Freund ließ sie nicht.

Geht sie an einen geselligen Abend, so trifft sie sich heimlich mit ihm, tauscht mit ihm heimliche Worte – so reden sie und trauern.

Und wieder kam es den Leuten zu Ohren: und der Onkel erfuhr's und die Tante, und die Alten beschimpften Feodossja.

Und plötzlich starb der Knecht.

«Gott sei Dank», sagten der Onkel und die Tante beruhigt, «jetzt hat die Bekanntschaft ein Ende!» Und die Alten überlegten, wie sie die

Nichte verheiraten könnten. Und sie hielten Ausschau nach einem Bräutigam.

Als der Knecht noch lebte, war Feodossja verschlossen und schüchtern gewesen und hatte sich vor den Leuten versteckt, jetzt aber war ihre Schüchternheit verflogen, sie hatte nichts zu verbergen noch zu befürchten, und sie sehnte sich nach ihm und dachte nur an ihn.

Geht sie an einen geselligen Abend, so singt sie keine Lieder und spielt keine Spiele, sie sitzt schweigend da und denkt nur, wie sie zum Grab gehen wird – zu seinem Grab. Und kehrt sie vom Friedhof zurück, legt sie sich schlafen, in Gedanken aber ist sie bei ihm, voller Sehnsucht.

Da begann er, sie nachts zu besuchen.

Niemand sieht ihn, weder Onkel noch Tante, nur sie allein.

«Ich bin tot», sagte er ihr, «aber nicht *wirklich;* werde meine Frau!»

Und von jener Zeit an war Feodossja fröhlich, kaum wiederzuerkennen, ein Brautkleid nähte sie sich.

Auch an den geselligen Abenden ist sie nicht wiederzuerkennen.

Auch an den geselligen Abenden war er bei ihr.

Die Leute sahen ihn nicht, nur sie allein sah ihn.

«Ich werde ihn heiraten!» sagt Feodossja zu ihren Freundinnen und lacht.

«Was sagst du da», gaben sie zurück, «er ist doch längst tot.»

«Aber nein! Er ist wieder lebendig geworden!» antwortet Feodossja und lacht.

Und Feodossja nähte sich ein Brautkleid und

kam als Braut gewandet an den geselligen Abend. Auch er war dort.

Niemand sah ihn, nur sie allein.

Und sie verabredeten sich so: nach dem geselligen Abend geht sie in das Haus, wo er mit seinem Vater gewohnt, und aus dem Haus gehen sie zusammen in die Kirche, zur Trauung.

«Ich werde jetzt heiraten!» sagt Feodossja zu ihren Freundinnen und lacht. Und sie nahm Abschied von ihnen und eilte nach Hause.

Weder der Onkel noch die Tante hörten, wie die Nichte heimkam, tief schliefen die Alten. Am Morgen aber gewahrten die Alten: die Nichte ist weg. Wo ist sie nur, wo? Sie wissen es nicht.

Sie wissen nicht, wo sie sie suchen sollen, auch das Brautkleid ist weg.

Die Mädchen aber sagen: «Sie erzählte uns, sie werde heiraten.»

Da gingen die Alten auf den Friedhof, zum Grab.

Die Nichte aber liegt tot auf seinem Grab, und das Brautkleid hängt auf dem Grabkreuz.

So ist sie dem toten Gefährten gefolgt, hat sich nicht einschüchtern lassen.

1911

Die Verleumdete

1

Es war einmal ein reicher Mann, der hatte zwei Kinder: einen Sohn und eine Tochter. Als die Zeit kam, da er sterben sollte, gab er seinem Sohn den väterlichen Rat: «Weder von Gott noch von mir hast du einen Segen, Michajla, wenn du dir eine Frau aus unserm Dorfe nimmst; hol sie dir aus einem andern Dorf!»

Und er starb. Und Michajla blieb mit seiner Schwester allein. Nur mit Palageja unterhielt sich Michajla, ging nie zu Besuch, war immer daheim bei der Schwester.

Einträchtig lebten Bruder und Schwester.

Geht Michajla in den Laden, sagt er: «Leb wohl, Schwester!»

Kommt er zurück, sagt er: «Sei gegrüßt, Schwester!»

So lebte Michajla drei Jahre unverheiratet, des väterlichen Rates eingedenk; nirgends zeigte er sich, saß immer daheim bei der Schwester.

Einträchtig lebten Bruder und Schwester.

Einmal kam Michajla aus dem Laden und sagte zur Schwester: «Schwester, ich werde heiraten, ich nehme mir eine Frau aus unserm Dorf.»

«Ach, Bruder, der Vater hat's dir doch verboten!»

«Liebe Schwester, es komme, was wolle, aber heiraten muß man.»

«Wie du willst», sagte Palageja, «so heirate.»

Und Michajla heiratete.

Michajla nahm die Warwara, mißachtete den väterlichen Rat, nahm sich eine Frau aus dem eigenen Dorf. Michajla war verheiratet, doch tat er nichts ohne die Schwester, mit ihr entschied er alles.

Einträchtig lebten Bruder und Schwester.

Geht Michajla in den Laden, sagt er: «Leb wohl, Schwester!»

Kommt er zurück, sagt er: «Sei gegrüßt, Schwester!»

Die Frau aber ist eifersüchtig, Warwara ist neidisch, als wäre Palageja mehr als eine Schwester.

Und Warwara gebar einen Sohn. Palageja wich nicht von Michajlas Sohn, war immer beim Kind, als wäre es ihr Junge, nicht der von Warwara. Michajla aber gefiel es, war er doch mit der Schwester vereint.

Einträchtig lebten Bruder und Schwester.

Geht Michajla in den Laden, sagt er: «Leb wohl, Schwester!»

Kommt er zurück, sagt er: «Sei gegrüßt, Schwester!»

Das mißfiel Warwara, und Palageja ward ihr zuwider. Immer nur Schwester und Schwester! Nur von der Schwester redet er! Ist sie ihm Schwester oder Frau? Und Warwara beobachtet alles genau, als suche sie etwas, sie ist den Geschwistern auf der Lauer. Sie lacht nicht, ist alt geworden, die Warwara. Kein Wort spricht sie ruhig, sie redet voll Zorn. Eifersüchtig, neidisch, von Haß erfüllt ist Warwara. Was soll sie nur tun, wie kann sie den Bruder der Schwester abspenstig machen? Wie Palageja vertreiben?

Warwara nahm Michajlas Hund und tötete ihn – ein treuer Hund war's, und Michajla hatte ihn lieb.

Michajla kam zurück.

«Sei gegrüßt, Schwester!»

Die Frau aber fuhr ihn an: «Was grüßt du die Schwester, schau mal, was die Schwester angerichtet hat: wo ist dein Hund? Der Hund ist weg. Die Schwester hat ihn getötet!»

Das ärgerte Michajla – es war ein treuer Hund gewesen! –, doch aus Liebe bezwang Michajla seinen Mißmut.

«Nun, die erste Schuld vergibt der Herr!» sagte Michajla und machte der Schwester keinen Vorwurf.

Tags darauf, kaum hatte Michajla das Haus verlassen, nahm Warwara seinen Hengst und tötete ihn – ein gutes und treues Pferd war's, und Michajla hatte es lieb.

Michajla kam zurück.

«Sei gegrüßt, Schwester!»

Die Frau aber fuhr ihn an: «Was grüßt du die Schwester, schau mal, was die Schwester angerichtet hat: wo ist dein Hengst? Weg ist das Pferd. Die Schwester hat es getötet!»

Das traf Michajla bitter – es war ein gutes und treues Pferd gewesen! –, doch aus Liebe bezwang Michajla seine Bitternis.

«Auch die zweite Schuld vergibt der Herr!» sagte Michajla und machte der Schwester keinen Vorwurf.

Die Schwester aber weiß von nichts, gibt sich mit dem Kind ab; Palageja weiß nur, daß ein Unglück geschah: jemand hat den Hund getötet, jemand hat das Pferd getötet...

Am übernächsten Tag, kaum hatte Michajla das Haus verlassen, ging Warwara zur Wiege und tötete das Kind und legte das tote Kind hinter die Tür.

Michajla kam zurück.

«Sei gegrüßt, Schwester!»

Die Frau aber fuhr ihn an: «Was grüßt du sie! Und wo ist unser Kind?»

Michajla eilte zur Wiege.

«Wo ist das Kind?»

«Wohl bei deiner Schwester.»

Schlechtes ahnte Michajla, und er ging zur Schwester.

Palageja sitzt am Fenster und näht, näht für den Jungen ein Hemdchen.

«Sei gegrüßt, Bruder!»

«Wo ist mein Sohn?»

Schlechtes ahnte Palageja.

«Bei Warwara», sagte Palageja, «Warwara hat ihn schon lange zu sich genommen, hier ist er nicht.»

Michajla eilte zur Frau.

«Wo ist das Kind?»

Die Wiege ist leer, und das Kind ist verschwunden.

Michajla machte sich auf die Suche. Auch Warwara sucht, wirft alles durcheinander, schmeißt alles auf den Boden – sie sucht.

Das Kind aber liegt hinter der Tür – tot.

«Da!... Schau mal, was deine Schwester angerichtet hat!»

Michajla eilte zur Schwester. Er schaut sie nicht an. Er schaut, und sieht nichts.

«Den Hund hast du getötet, das Pferd hast du getötet, mein Kind hast du getötet!» Und Michajla zog die Schwester nackt aus, band sie, warf sie in den Wagen und fuhr sie aufs Feld hinaus, und vom Feld in den Wald, und ließ sie daselbst zurück: soll sie gehen, wohin sie will!

Soll sie gehen, wohin sie will!

Aber wohin denn? Wohin soll sie gehen? Palageja kletterte auf eine Fichte, setzte sich in den Wipfel und saß da wie ein Vogel. Das Herz war ihr schwer, so schwer, als trüge sie einen Stein – Kränkung, Anschuldigung und Verleumdung lagen wie ein Stein auf ihrem Herzen.

Die Zarensöhne streiften jagend durch den Wald. Sie stießen auf die Fichte und erblickten Palageja.

Da sagte der eine: «Ein Vogel!»

Der andere: «Ein Mensch!»

Der dritte: «Ein Teufel!» Und er legte sein Gewehr an.

«Ich tu euch nichts, ich bin ein Mensch, ich tu euch nichts!» schrie Palageja vom Baum: sie sieht, sie haben die Gewehre auf sie gerichtet und wollen schießen.

«Wenn du ein Mensch bist, so steig herunter!» sagten die Brüder.

Doch wie sollte sie hinunter?

«Ich habe keine Kleider!» schrie Palageja.

Die Brüder zogen ihr Obergewand aus, legten es unter die Fichte und gingen zur Seite. Palageja stieg hinunter und kleidete sich an. Da kamen die Brüder und führten sie in den Zarenpalast. Im Zarenpalast aber hielten sie sie versteckt und zeigten sie niemand.

Da ging der ältere Sohn zum Vater.

«Väterchen», sagt er, «ich werde heiraten.»

«Nu, nu», sagt der Zar, «nie hast du daran gedacht, und nun willst du auf einmal heiraten! Und wo nimmst du die Frau her?»

«Ich hab sie im Wald gefunden», sagt der Sohn und führt Palageja herein. «Hier ist sie, meine Frau!»

Der Zar sah sich Palageja an, und Palageja gefiel dem Zaren.

«Nun, Gott segne euch!» sprach der Zar zum Bräutigam und zur Braut.

Man feierte Hochzeit. Und Palageja lebte fortan beim Zaren im Zarenpalast, sie war nicht mehr Michajlas Schwester, sondern des Zaren Schwiegertochter.

2

Der Zarensohn reiste mit einem Befehl des Zaren über Land. In dieser Zeit gebar ihm Palageja einen Sohn. Und er war so schön, daß alle staunten: die Beine bis zu den Knien aus Gold, die Arme bis zu den Ellbogen aus Silber, auf dem Rücken leuchtete der Mond, in der Mitte die rote Sonne, und in jedem Härchen steckte eine runde Perle.

Der Zar freute sich über seinen Enkel, und er schrieb selbigen Tags einen Brief und übergab ihn einem Diener, auf daß er ihn zu seinem Sohn in die ferne Stadt trüge.

Der Diener machte sich auf den Weg und zog mit dem Brief in die ferne Stadt. Gegen Abend gelangte er in das Dorf, aus welchem Palageja stammte, und stieg im reichsten Hause ab – bei Michajla.

Da erfuhr Warwara, was für einen Brief der Diener bei sich hatte, und der ganze frühere Haß stieg ihr in den Kopf, ins Herz und in die Seele: sie hatte das eigene Kind getötet, um den Bruder der Schwester abspenstig zu machen, um Michajla von Palageja zu trennen, um Palageja zu vertreiben; Palageja aber ist nicht zugrunde gegangen, eine Zarin ist sie geworden!

Da heizte Warwara das Badehaus, schickte den Diener ins Dampfbad, nahm aus seinem Schultersack den Brief des Zaren, zerriß ihn und schrieb einen andern, als hätte Palageja keinen Zarensohn, sondern einen Hund geboren: «Einen jungen Hund hat Deine Frau Palageja geboren!»

Und sie legte den Brief in den Schultersack.

Da kam der Diener des Zaren aus dem Badehaus, und Warwara bewirtete ihn und bot ihm ein Nachtlager an. Der Diener übernachtete bei Michajla und machte sich am nächsten Morgen auf den Weg.

Über kurz oder lang, von Stadt zu Stadt, von Dorf zu Dorf, endlich gelangte der Diener in die ferne Stadt, wo der Zarensohn weilte, und übergab ihm den Brief des Zaren: «Einen jungen Hund hat Deine Frau Palageja geboren!»

Dem Zarensohn wurde es finster vor den Augen – die schlimme Nachricht verdüsterte seinen Blick, und schon wollte er in seinem aufwallenden Zorn Palageja umbringen lassen, da überlegte er es sich anders und schrieb dem Vater, man möge Palageja bis zu seiner Rückkehr schonen. Und mit diesem Brief ließ er den Diener des Zaren heimwärts ziehen.

Und der Diener kehrte auch auf dem Rückweg bei Michajla ein.

Und wieder heizte Warwara das Badehaus, schickte den Diener ins Dampfbad und machte sich selbst am Schultersack zu schaffen; sie nahm den Brief des Zarensohns, zerriß ihn und schrieb: «Daß ich sie nicht mehr rieche, wenn ich heimkomme!»

Und sie legte den Brief in den Schultersack.

Da kam der Diener des Zaren aus dem Badehaus, aß und trank, übernachtete und machte sich auf den Weg zum Zarenpalast.

Der Zar las den Brief und traute seinen Augen nicht.

«Was soll denn das», sagte er, «er ist am Ende verrückt geworden!»

Aber es war nichts zu machen, hier galt nicht sein Wille – hier galt der Wille des Sohnes: und der Zar befahl, Palageja aus dem Palast zu jagen, dorthin, wo man sie hergeholt habe. Den Enkel aber nahm der Zar zu sich.

Und man führte Palageja in den Wald, zu jener Fichte, wo ihr geliebter Bruder sie zurückgelassen hatte: soll sie gehen, wohin sie will!

Soll sie gehen, wohin sie will!

Aber wohin denn? Wohin soll sie gehen? Vom Bruder hat man sie getrennt, vom Mann hat man sie getrennt, den Sohn hat man ihr genommen. Was soll sie tun? Wohin sich wenden? Wie die Kränkung vergessen? Palageja steht unter der Fichte, steht, wie sie damals gestanden. Und das Herz ist ihr schwer, so schwer, als trüge sie einen Stein – Kränkung, Anschuldigung und Verleumdung lagen wie ein Stein auf ihrem Herzen.

Sie wird in ferne Dörfer ziehen, als Fremde unter Fremden leben, bei den Leuten sich verdingen. Als einfache Magd wird sie dienen. In der Arbeit ihre Kränkung vergessen.

Und Palageja zog in weite Fernen, weit weg vom Bruder, und noch weiter weg von Mann und Sohn.

Über kurz oder lang, von Stadt zu Stadt, von Dorf zu Dorf hatte der Zarensohn das Reich bereist und alle Aufträge erfüllt, nun kehrte er heim zum Vater. Der Zar ging dem Sohn entgegen und führte auch den Enkel mit. Das Kindchen aber strahlt nur so...

«Wie ist das möglich!» sagte der Zarensohn verwundert. «In Eurem Briefe stand, daß meine Frau einen jungen Hund geboren habe.»

Der Zar aber tadelte ihn, daß er befohlen, seine Frau zu vertreiben – Palageja fortzujagen.

«Ich... ich habe sie fortjagen lassen?» Und der Zarensohn brach in Tränen aus, er sah, daß man sie betrogen hatte: ihn und den Zaren.

Und der Zar sandte Leute in den Wald, Palageja zu suchen. Aber wo soll man sie suchen – sie wird doch nicht auf der Fichte ihr bitteres Leben beschließen.

3

Drei Jahre lang diente Palageja als Magd, drei Jahre verdingte sie sich bei fremden Leuten, und sie ertrug viel Müh. Die Kränkung in ihrem Herzen war verschmerzt: sie nahm ihr Los willig hin und murrte nicht mehr. Nur eines konnte sie nicht vergessen: den Sohn. Das Kindchen tat ihr leid, könnte sie ihn doch nur einmal sehen, für einen kurzen Augenblick.

Und Palageja ward von Sehnsucht erfüllt, fand sich nirgends zurecht, alles in ihr war Sehnen, die Augen wollen nichts schauen: könnte sie nur den Sohn sehen, für einen kurzen Augenblick.

Und Palageja kleidete sich in ein männliches Gewand und zog aus den fernen Dörfern, am geliebten Bruder vorbei, geradewegs zum Zarenpalast, um sich daselbst als Knecht zu verdingen.

Niemand im Palast erkannte Palageja. Nicht einmal der Zar erkannte seine Schwiegertochter.

Der Zar nahm Palageja freundlich auf, und sie diente in den Zarengemächern als Heizer: sie heizte die Öfen.

Dies aber war Palageja recht.

Ihr Sohn war herangewachsen und spielte in den Gemächern. Wenn Palageja die Öfen heizt, ist er schon da, kommt zum Feuer gelaufen. Und Palageja nimmt ihn auf die Arme, liebkost das Kind und weint.

Der Zar bemerkte dies und fragte einmal: «Wie kommt es, mein Bursche, daß du den Enkel auf die Arme nimmst und dabei immer weinst?»

Da enthüllte Palageja dem Zaren die Wahrheit. Sie erzählte auch von ihrem geliebten Bruder Michajla und von ihrer Schwägerin Warwara, die sie verleumdet hatte.

«Welch eine Sünde», sagte der Zar, «wir müssen diese Sache fein säuberlich untersuchen!»

Und er hieß Palageja schweigen, er selbst aber ließ den Diener kommen, der den Brief des Zaren zum Zarensohn getragen hatte, und er begann den Diener auszufragen, bei wem er unterwegs übernachtet und mit wem er Bekanntschaft geschlossen habe.

Und wie der Diener von Warwara erzählte, gingen dem Zaren die Augen auf. Er entließ seinen Diener und beschloß, in dieser Sache Klarheit zu schaffen und Palageja öffentlich freizusprechen.

Die Kunde von der bösen Schwiegertochter des Zaren war in alle nahen und fernen Städte, in alle nahen und fernen Dörfer, in das ganze Zarenreich gedrungen.

4

Der Zar lud zu einem großen Festmahl ein. Viel Volk strömte in den Zarenpalast. Auch Michajla und Warwara waren geladen. Sie kamen und setzten sich mit den andern an die Tafel des Zaren.

Und während die Gäste aßen und tranken, rief der Zar seinen Heizer und befahl diesem, zur allgemeinen Belustigung die Geschichte von der bösen Schwiegertochter des Zaren zu erzählen, und er traf diese Abmachung: wer den Erzähler unterbricht oder ihm beipflichtet, hat für die Störung hundert Rubel zu zahlen.

Und Palageja erzählte von einem Bruder und einer Schwester, und wie der Bruder heiratete und die Schwägerin die Schwester mißbilligte.

«Die Schwägerin war neidisch, daß der Bruder und die Schwester einträchtig zusammenlebten.»

«Ja», pflichtet Michajlas Frau Warwara bei.

Und sogleich mußte sie für die Störung hundert Rubel zahlen.

Und Palageja fuhr fort, wie die Schwägerin den Hund des Mannes tötete und die Schwester beschuldigte. Und wie der Bruder der Schwester verzieh. Und wie tags darauf die Schwägerin ihres Mannes Pferd tötete und die Schwester beschuldigte. Und wie der Bruder der Schwester abermals verzieh. Und wie am übernächsten Tag die Schwägerin ihr eigenes Kind tötete und die Schwester beschuldigte. Und wie der Bruder der Schwester nicht mehr verzieh, sondern sie nackt auszog und aufs Feld fuhr, und vom Feld in den Wald.

«Geh, wohin du willst!»

«Ja, so war es!» pflichtet Michajlas Frau Warwara bei.

Und sogleich mußte sie für die Störung hundert Rubel zahlen.

Und Palageja fuhr fort, wie Jäger die Schwester erblickten, wie sie schießen wollten, wie der Älteste sie später zur Frau nahm, und wie der Mann in Geschäften in eine ferne Stadt fuhr und die Frau in dieser Zeit einen Sohn gebar. Und wie der Schwiegervater seinen Diener mit einem Brief zum Sohn sandte, um diesem Kunde vom Enkel zu geben, und wie der Diener unterwegs bei der Schwägerin einkehrte, und wie die Schwägerin den Brief vertauschte, und wie der Diener auf dem Rückweg wieder bei der Schwägerin abstieg und die Schwägerin den Brief abermals vertauschte...

«Ja, so war es!» pflichtet Michajlas Frau Warwara bei.

Da erhob sich Michajla, totenblaß, er hatte seine Schwester Palageja erkannt. Und es erhob sich der Zarensohn, mit rotem Gesicht, er hatte seine Frau Palageja erkannt.

Da hielt Palageja Bruder und Mann zurück und trat zu Warwara. Und obwohl sie kein gutes Wort für sie hat, ist doch die Kränkung vergessen.

«Warwara!» sagt Palageja.

Warwara aber stieg der ganze frühere Haß in den Kopf, ins Herz und in die Seele – und sie sitzt mit geballten Fäusten und rührt sich nicht.

Da ergriff man Warwara und führte sie vors Tor und erschoß sie daselbst.

Und sie lebten fortan glücklich und zufrieden.

1911

Die Verzweifelte

Schön war Mascha, eine Schönere gab es nicht im Dorf; unentwegt hielten würdige Freier um ihre Hand an. Der Vater aber gab sie keinem, war sie doch seine einzige Tochter, sie tat ihm leid.

Der Vater fuhr nach Weihnachten in die Stadt und ließ Mascha allein zu Haus. Da beschloß Mascha, am Vorabend des Dreikönigsfestes zu zaubern, ihren unbekannten Bräutigam heraufzubeschwören.

Am Vorabend des Dreikönigsfestes deckte Mascha den Tisch mit einem Tischtuch, stellte auf die eine Tischecke einen Teller mit einem Löffel und auf die andere Tischecke einen Teller mit einem Löffel, legte in den eigenen Teller ein Stückchen und in den andern Teller ein Stückchen – den Bräutigam zu ehren. Ohne sich zu bekreuzigen, trat sie in den Flur, ohne sich zu bekreuzigen, schloß sie die Tür, kam zurück, setzte sich an die eine Tischecke und dachte: «Gleich wird sich das Schicksal kundtun!»

Und sie stand auf und sprach: «Unbekannter Bräutigam mein, speise mit mir!»

So sprach sie und setzte sich an den Tisch und schloß die Augen.

Mascha sitzt da, ohne sich zu rühren, keinen Gedanken kann sie fassen, sie horcht nur und harrt.

Da klopft es im Flur – Stiefel klopfen, und sie hört schon, wie sich jemand nähert... schon tritt er ins Haus, räuspert sich, da ist er mitten in der Stube. Und sie sieht: er trägt einen Rock, einen

Kaftan und einen purpurnen Seidengürtel. Er löst den Gürtel und hängt ihn an den Nagel in der Ecke, auch die Mütze nimmt er ab und will sie an den Nagel hängen.

Da bekreuzigte sich Mascha und öffnete die Augen.

Auf dem Tisch stehen zwei Gedecke, zwei Teller, aber kein Mensch ist zu sehen, nur ein purpurner Gürtel hängt an dem Nagel.

Mascha nahm den Gürtel vom Nagel, band ihn auf, probierte ihn an, den purpurnen Seidengürtel, und verstaute ihn in ihrer Truhe.

Jemand hat sie nachts besucht – der unbekannte Bräutigam, der von Gott Bestimmte hat sie besucht und seinen purpurnen Seidengürtel verloren. Mascha aber schweigt: wüßte sie, daß es ihr Liebster war, ihr Bräutigam, würde sie es den Freundinnen und dem Vater erzählen, aber woher sollte sie's wissen?

Der Vater kam heim. Von neuem strömten Freier ins Haus, von neuem hielten sie um Maschas Hand an: schön war Mascha, eine Schönere gab es nicht im Dorf.

Mascha aber sinnt nur, gedankenverloren.

«Wem mag der Gürtel gehören; ist er mir lieb, der Bräutigam?»

Der Vater ist willig; soll sie nehmen, nach wem ihr Herz steht. Sie aber sträubt sich, will von nichts wissen, und sinnt nur und sinnt.

Wenn der Vater nachts schläft, liegt Mascha wach und denkt – die Gedanken lassen sie nicht los, geben ihr keine Ruh! Und eines Nachts nahm Mascha den purpurnen Seidengürtel aus der Truhe, band ihn um den Hals, ging zur Ecke, wo der Nagel stak... und brachte sich um.

Besucht aber hatte sie der Waldgeist selbst, jaja!

Schön war Mascha, eine Schönere gab es nicht im Dorf.

1912

Die Widerspenstige

1

Es war einmal ein lediger Bursche, der wollte heiraten. Im Dorf aber gab es ein Mädchen zum Freien, und er nahm sie zur Frau. Sie war still und sanft, hielt den Blick vor dem Mann gesenkt; es war, als wäre sie gar nicht zu Haus – eine solche Frau fiel Sergej zu.

Es ist Zeit, Mittag zu essen, Sergej ruft Nastassja zu Tisch, Nastassja aber gibt keinen Laut von sich.

«Wie schamhaft sie ist!» denkt Sergej, und holt sie und setzt sie an den Tisch.

Zu Mittag gab es Grütze. Sergej greift zu, lobt das Gericht, Nastassja aber nimmt nicht mal den Löffel in die Hand, sitzt, wie man sie hingesetzt.

«Wie jung sie ist!» denkt Sergej, und reicht ihr selbst den Löffel und redet ihr zu.

Nastassja nahm den Löffel, legte ihn aber gleich wieder hin, band von ihrer Kreuzschnur einen Ohrlöffel los und begann, mit dem Ohrlöffel ein Korn nach dem andern zu löffeln.

So war es auch am nächsten Tag: Nastassja ißt nicht wie alle Menschen, das ist nun mal so.

«Wie wird sie nur satt», dachte Sergej, «der Mensch kann ohne Nahrung nicht leben; sie stirbt mir noch vor Hunger!» Und er redete seiner Frau noch mehr zu, den Ohrlöffel wegzulegen und ordentlich zu essen.

Nastassja aber will nichts hören, will es besser wissen, und löffelt mit ihrem Ohrlöffel weiter.

«Sie ißt sich wohl nachts im geheimen satt, wenn die andern Menschen schlafen, die Törichte!» Und Sergej beschloß, auf seine Frau nachts aufzupassen: es kann doch nicht sein, daß ein Mensch nichts ißt!

Und Sergej legte sich schlafen, auch Nastassja legte sich hin. Sergej stellte sich schlafend, fing zu schnarchen an, beobachtete aber alles genau.

Um Mitternacht stand Nastassja auf, sprang leise vom Bett und schlich sich zur Tür. Sergej wartete ab, bis sie zur Tür hinaus war, und folgte ihr nach. Nastassja aber lief in den Hof und durch das Tor auf die Straße. Sergej ihr nach.

Nastassja ging immer weiter, bis sie zum Friedhof kam, und schritt geradewegs auf ein frisches Grab zu.

Sergej versteckte sich hinter einem Kreuz und wartete ab. Da sieht er einen bärtigen Gesellen, der huscht zwischen den Kreuzen hindurch und geht zu demselben Grab.

Und Nastassja und der Geselle machten sich zu zweit am Grabe zu schaffen.

Sie wühlten das Grab auf, holten den Sarg heraus, nahmen aus dem Sarg den Toten, zogen ihn aus und fingen zu knabbern an. Und sie aßen ihn auf, ließen nur die blanken Knochen übrig, und als sie den letzten Rest vertilgt hatten, schütteten sie den Sarg, das Leichenhemd und die Knochen wieder zu und gingen auseinander: Nastassja in die eine Richtung, der Bärtige in die andere.

Da kroch Sergej hinter dem Kreuz hervor und eilte nach Hause. Er wählte den Weg durch die Hinterhöfe, überholte seine Frau, legte sich ins Bett, stellte sich schlafend und fing zu schnarchen an. Nastassja kehrte heim, legte sich leise neben ihn und fiel in einen süßen und tiefen Schlaf.

Sergej aber – wie sollte er Schlaf finden! – erwartete sehnlichst den Morgen.

Es ist Zeit, Mittag zu essen, Sergej ruft Nastassja zu Tisch. Sie setzten sich an den Tisch. Zu Mittag gab es Grütze. Nastassja holte wieder ihren Ohrlöffel hervor, band ihn von der Kreuzschnur los und begann, ein Korn nach dem andern zu löffeln.

Sergej reichte ihr einen Löffel. Sie nahm ihn, drehte ihn zwischen den Fingern hin und her und legte ihn auf den Tisch zurück. Dann steckte sie auch den Ohrlöffel ein und sitzt so da. Sergej aber hielt es nicht länger aus.

«Warum ißt du denn nicht?» sagt er. «Oder schmeckt dir der Leichnam besser?»

Da wurde Nastassja wild wie ein Tier – man erkennt sie kaum! –, nahm die Schüssel mit der Grütze und warf sie Sergej klatschend ins Gesicht.

«Da du mein Geheimnis erfahren hast», sprach sie, «werde zum Hund!» Sergej bellte auf Hundeart, er war ein Hofhund geworden.

Nastassja ergriff einen Stock, beförderte ihn damit vor die Tür und jagte ihn aus dem Haus.

2

Sergej sprang als Hofhund auf die Straße und lief davon. Er lief, soweit ihn die Füße trugen, bellte ein wenig und lief wieder weiter. Gegen Abend kam er in eine Stadt und ging in einen Metzgerladen, denn er hatte großen Hunger. Es traf sich, daß der Metzger freundlich war; er fütterte den Hund, der Hund aber will nicht weg und winselt, als bäte er, bleiben zu dürfen. Der Metzger hatte Mitleid und behielt ihn bei sich.

Der Hund blieb über Nacht und rührte im Laden nichts an.

«Was für ein kluger Hund!» dachte der Metzger, und er beschloß, den Hund nicht fortzujagen, sondern im Laden zu behalten, daß er den Laden bewache.

Am Morgen kam der Bäcker in den Metzgerladen, um Rindfleisch zu besorgen, und er wählte sich ein ansehnliches Stück aus, der Hund aber schmeichelt. Da streichelte ihn der Bäcker und warf ihm ein Stück Brot zu; der Hund packte das Brot, fraß es und lief vom Metzger weg zum Bäkker, schnurstracks in die Bäckerei.

Nun lebte der Hund beim Bäcker und bewachte seinen Laden.

Einmal kam eine alte Frau in die Bäckerei, Brot zu holen. Die Alte kaufte verschiedene Brote und streckte das Geld hin. Der Bäcker zählte es, doch da fand sich ein falsches Zehnkopekenstück, er wollte es nicht nehmen. Die Alte begann zu streiten: das Geld sei in Ordnung.

Da sah der Bäcker, daß er die Alte nicht zu überzeugen vermochte, und sprach: «Ich habe einen Hund, der wird erkennen, daß dein Zehnkopekenstück nichts taugt!» Sogleich rief er den Hund, breitete das Geld auf dem Tisch aus und zeigte es ihm: «Such mal das falsche Geldstück heraus!»

Der Hund betrachtete das Geld, schnupperte daran und wischte mit der Pfote das falsche Geldstück vom Tisch.

«Das ist mir ein Hund», dachte die Alte, «da kann etwas nicht stimmen!»

«Bist du ein Hund, so bleib hier», flüsterte die Alte, «bist du aber ein Mensch, so folge mir!» Befremdlich schien es der Alten, daß der Hund sich im Geld auskannte.

Und der Hund verließ mit der Alten die Bäckerei.

Die Alte kam heim und sprach zu ihrer Tochter: «Ich habe einen Hund mitgebracht, nur weiß ich nicht, ob es ein Hund ist: er kennt sich im Geld aus!»

Da schaute die Tochter der Alten den Hund genau an, nahm Zauberwasser und spritzte es dem Hund in die Augen.

«Bist du ein Hund», sagte sie, «so bleib ein Hund, bist du aber ein Mensch, so werde zu einem Menschen!»

Der Hund bellte, und Sergej war wieder Sergej.

Da erzählte Sergej von seiner Frau Nastassja, wie Nastassja nachts auf dem Friedhof mit dem Bärtigen einen Toten gegessen und wie sie ihn in einen Hund verwandelt hatte.

«Ich kenne Nastassja», sagte die Tochter der Alten, «eine Zauberin ist sie, wir haben zusammen bei einer andern Alten zaubern gelernt. Widerspenstig war Nastassja, machte alles zum Trotz, alles nach dem eigenen Sinn, alles verkehrt; sie hörte nicht auf die Alte, da auferlegte ihr diese eine Strafe: jede Nacht soll sie auf den Friedhof gehen und sich von Leichenfleisch ernähren. Willst du deine Frau bessern, so geb ich dir ein Zaubermittel; wenn du heimkommst, spritz es ihr ins Gesicht, und du wirst sehen, was geschieht.»

Sergej dankte der Tochter der Alten, nahm das Zauberwasser und machte sich auf den Heimweg, ein Mensch in Menschengestalt.

3

Sergej wanderte über die Landstraße – hier war er als Hund gegangen und hatte gebellt –, lange wanderte Sergej über die Landstraße, und wie er heimkam, war Nastassja nicht zu Haus.

Da setzte sich Sergej auf die Vortreppe und wartete. Und als Nastassja heimkam, spritzte er ihr sogleich das Zauberwasser ins Gesicht.

Da begann Nastassja zu wiehern und wurde zu einer Stute.

Und Sergej spannte die Stute vor den Schlitten und fuhr in den Wald; daselbst lud er viel Holz auf und fuhr dann wieder zurück, und den ganzen Weg bis vors Haus hieb er auf die Stute ein. Und nicht nur einmal, eine ganze Woche fuhr Sergej in den Wald, um Holz zu holen, und jedesmal peitschte er die Stute wund.

Sie aber – was kann ein Tier schon tun! – schaut ihn nur an, sagt nichts – ein Tier sagt doch nichts! – und weint.

Da hatte Sergej Mitleid mit der Stute, und er hörte auf, sie zu schlagen, und begab sich in die Stadt zu jener Alten und bat die Tochter der Alten um das Zauberwasser, daß er die Stute wieder in einen Menschen verwandeln könne. Die Tochter der Alten gab ihm das Zauberwasser, und Sergej kehrte nicht mit leeren Händen heim.

Sie aber – ein Tier ist sie ja! – schaut ihn nur an, sagt nichts – ein Tier sagt doch nichts! – und weint.

Da bespritzte Sergej die Stute mit dem Zauberwasser, und Nastassja ward wieder Nastassja. Und von Stund an vergaß sie das Leichenfleisch, wurde sanft und aß wie alle Menschen.

Und sie lebten gut, in Frieden und Eintracht.

1912

Die Schlimme

Ein Mann hatte eine Frau, Gott bewahre einen vor einem solchen Weib: sie brachte ihm nur Unglück. Fortjagen konnte er sie nicht, und so hätte er am liebsten Hand an sich gelegt.

Eines Tages ging er lange durch den Wald und dachte sich ein Mittel aus.

Am Abend kehrte er heim, aß und fing an, einen Strick zu flechten.

«Wozu flichst du den Strick, Semjon?» erkundigte sich die Frau.

«Ich hab einen Schatz gefunden.»

«Einen großen Schatz?»

«Einen riesigen.»

Am Morgen nahm Semjon einen Korb und will schon gehen.

«Nimm mich mit», bettelt die Frau.

«Wozu, was soll ich mit dir?»

«Ich geh aber mit!»

«Nun gut, gehen wir zusammen.»

Semjon legte den Strick in den Korb, den Korb aber warf er über die Schulter, dann zogen sie los. Und sie kamen zu jener Grube, wo der Schatz verborgen war. Semjon nahm den Strick und band ihn sich um.

«Was bindest du dir den Strick um?»

«Ich muß doch den Schatz heben.»

«Warum du, ich selber will ihn holen.»

Da band Semjon den Strick wieder los, fesselte die Frau und ließ sie in die Grube hinunter.

Und wie er sie hinuntergelassen, hörte Semjon – ein Geraufe war im Gange, Gezeter und Gewimmer ertönten, und der Strick wurde geschüttelt, daß Gott erbarm! Etwa zwei Stündchen kämpfte sie, dann zog Semjon am Strick. Er zog und zog, und zog aus der Grube nicht seine Frau, sondern einen gehörnten Teufel hoch. Da erschrak Semjon und wollte den Strick wieder loslassen.

«Laß nicht los, hab Mitleid», flehte der Teufel; «all deine Wünsche werde ich dir erfüllen, ewig werde ich dir in Freundschaft zugetan sein, nur befreie mich von diesem schlimmen Weib. Tausend Jahre hab ich friedlich und still in der Grube gelebt, laß mich nicht los, hab Mitleid!» Und der Teufel begann sogar zu weinen.

Da zog Semjon den Teufel hoch.

«Folge mir!» sagte der gehörnte Teufel.

Und Semjon folgte dem Teufel: viel Angst ertrug er, aber er ließ sich's nicht anmerken, sein Herz war erleichtert, daß er die Frau in die Grube versenkt hatte – soll sie dort schreien, wen kümmert's im Wald!

Und sie kamen zu einem reichen, überaus stattlichen Haus.

«Hör zu», sagte der Teufel, «ich geh ins Haus, steige ins Obergeschoß und werde die ganze Nacht Krawall schlagen – keine Ruhe werde ich geben; du aber gib dich als Zauberer aus und verlange viel Geld, dann steig ins Obergeschoß und sag leise: ‹Ich bin da, raus mit dir!› Verstanden?»

«Verstanden.»

Wie der Teufel befahl, so geschah es.

Semjon verweilte kurz vor dem Haus, dann klopfte er, und man ließ ihn ein. Im Hause aber herrschte ein solcher Lärm, daß es nicht auszuhalten war. Semjon gab sich als Zauberer aus und stieg ins Obergeschoß.

«Ich bin da, raus mit dir!» sagte Semjon ganz leise.

Und der Lärm legte sich, es wurde still, man hörte keinen Laut.

Da gab man Semjon eine Menge Geld, Semjon nahm es, verabschiedete sich und ging seiner Wege, ein Liedchen trällernd. Vor dem Tor aber erwartete ihn der Teufel.

«Folge mir!» sagte der gehörnte Teufel.

Und sie kamen zu einem Haus, noch reicher als das erste.

«Ich», sagte der Teufel, «gehe ins Haus und mache dort Lärm; du aber gibst dich wieder als Zauberer aus, verstanden?»

«Verstanden.»

Wie der Teufel befahl, so geschah es.

Der Teufel machte Lärm, zeterte drauflos, fast hätte er das Haus zum Einsturz gebracht. Semjon bat um Einlaß, gab sich erneut als Zauberer aus. Man versprach ihm viel Geld. Und er stieg ins Obergeschoß.

«Ich bin da, raus mit dir!» sagte Semjon ganz leise.

Und es wurde ruhig im Haus. Da verstaute Semjon das Geld – nicht nur ein, sondern zwei Haufen waren's –, verabschiedete sich und ging seiner Wege, ein Liedchen trällernd. Vor dem Tor aber stand schon der Teufel.

«Geh nach Hause», sagte der Teufel, «da hast du Dummkopf deinen Lohn, und daß du mich fortan nicht...!» Und der gehörnte Bösewicht drohte mit dem Finger, und sein Schwanzhaar sträubte sich.

Semjon aber gehorchte und machte sich auf den Heimweg.

Und Semjon lebte zufrieden: er hatte Geld im Überfluß, er aß und trank nach Herzenslust, und die Nase stand ihm voll Tabak. Da beschloß Semjon zu heiraten.

Eines Tages aß Semjon Wabenhonig, trank Bier dazu und dachte an seine junge Frau, wie er mit seiner jungen Frau leben wird. Plötzlich klopfte es. Semjon öffnete – es ging schon auf die Nacht zu –, und fremde Leute begrüßten ihn.

«Mit Müh und Not haben wir dich gefunden, Semjon Iwanowitsch», sprachen sie, «nimm, was du brauchst, aber befreie uns von diesem Übel: schon die dritte Nacht haben wir keine Ruh, der Teufel belagert unser Haus.»

Semjon wehrte sich mit Händen und Füßen.

«Errette uns», sprachen sie, «ewig werden wir dir in Freundschaft zugetan sein, hab Mitleid!» Und sie fielen Semjon zu Füßen und weinten.

Da ging Semjon mit ihnen. Und wie er ins Haus kam, das der Teufel belagerte, stieg er sogleich ins Obergeschoß; doch kaum hatte er den Mund aufgetan, packte ihn der Teufel an der Gurgel.

«Was suchst du hier?»

Semjon aber atmet kaum noch, so fest hält ihn der Teufel an der Gurgel.

«Versteh doch», sagte Semjon zum Teufel, «da kamen neun solche Weiber… ein jedes so stark wie das Weib, das dich aus der Grube vertrieben… neun solche Weiber.»

Da erbebte der mächtige Schwanz des Teufels wie ein Blatt.

Und der Teufel ließ ab von Semjon.

«Ich geh schon», sagte er, «lebt, wie ihr wollt; ich gehe tausend Werst weit, nur daß mir keines von diesen schlimmen Weibern unter die Augen kommt!» Und der Teufel wich zurück, verzog sich unter die Balken, unter den Dachrand.

Und seit jener Zeit ward er nie mehr gesehen, als hätte ihn die Erde verschluckt.

1909

Die Brüderliche

1

Schön war Katharinas Bruder, alle Mädchen weideten sich an ihm. Er dachte ans Heiraten, aber wie viele Bräute er sich auch ansah, es war keine schöner und besser als seine Schwester.

«Heirate mich!» sagte er zu seiner Schwester Katharina.

«Das tu ich», erwiderte Katharina: niemand war ihr so lieb, niemand so teuer wie der leibliche Bruder.

Und sie beschlossen zu heiraten. Es galt nur noch, Hochzeit zu feiern.

Im Dorf aber verkehrte eine Bettlerin, ein altes Weib. Die Alte erfuhr vom Bruder und von der Schwester und machte sich eiligst zu ihnen auf.

Unter dem Brautkranz sitzt festlich gekleidet – Katharina. Die Alte ging auf sie zu.

«Mein Mädchen», sagt sie, «stell in allen vier Ecken eine Spindel auf.»

Katharina folgte ihrem Rat und stellte in allen vier Ecken eine Spindel auf. Dann schritt sie zum Brautkranz.

«Ku-ku!» zischte da die erste Spindel.

«Wo bist du?» gab die zweite zurück.

«Der Bruder heiratet die Schwester!» sagte die dritte.

«Durchgefallen!» flüsterte kaum hörbar die vierte.

Katharina eilte zur Alten. Diese sprach: «Vier Nächte sollst du durchschlafen, dann heirate.»

Katharina folgte ihrem Rat; vier Nächte wird sie einsam warten, dann folgt die Hochzeit

Es kam die erste Nacht, und Katharina vernahm im Schlaf, wie jemand von weither rief: «Ku-ku!» rief jemand.

In der zweiten Nacht, kaum war sie eingeschlafen, hörte Katharina, wie jemand zur Antwort gab: «Wo bist du?» gab jemand zurück.

In der dritten Nacht, als sie in tiefem Schlaf lag, flüsterte ihr jemand ins Ohr: «Der Bruder heiratet die Schwester!» flüsterte er.

In der vierten Nacht aber – noch hatte Katharina kein Auge zugetan – schrie jemand: «Durchgefallen!» schrie er.

Und Katharina stürzte in die Erdentiefe.

2

Unheimlich war es Katharina in der Finsternis, es herrschte herbstliche Dunkelheit. Dann wurde es heller, und zuletzt klarte es ganz auf. Katharina ging durch einen feuchten Nadelwald, lange ging sie so, und nirgends ein Weg. Da erblickte Katharina im Walde ein Hüttchen, kein gewöhnliches Hüttchen war's: es stand auf Auerochsfüßen, auf einer Spindelspitze. Und Katharina trat ein: da waren drei Stuben. In der ersten Stube tummeln sich Springspinnen, Frösche und Eidechsen, in der zweiten Stube kriecht ein siebenschlündiges Weichtier, in der dritten Stube aber sitzt ein Mädchen, das stickt an einem Stickrahmen.

Das Mädchen erblickte Katharina.

«Was tust du hier?» fragte sie. «Wie bist du nur hierhergeraten?» Und sie erzählte Katharina vom Hüttchen: das Hüttchen gehöre Baba-Jaga*,

---

* Die mit * bezeichneten Namen und Begriffe werden in den Anmerkungen auf S. 282 erklärt.

und wenn Baba-Jaga heimkehre, werde Schlimmes geschehen.

Katharina aber erzählte, wie sie in die Erdentiefe gestürzt und zum Hüttchen gelangt sei.

«Wie kann ich mich vor Jaga nur verstecken?» fragte Katharina flehend.

Wie soll man sie nur verstecken? Aljona tat es um Katharina leid. Sie legte den Stickrahmen beiseite, wühlte in Baba-Jagas Truhe, holte eine dünne Gerte hervor, kitzelte damit Katharinas rubinrote Kehle und verwandelte Katharina in eine Nadel, die Nadel aber steckte sie sich in den Halsausschnitt und fuhr mit Sticken fort.

Baba-Jaga aber ist schon unterwegs, sie winkt mit dem Besen.

«Pfui! Hier riecht es nach Menschenfleisch! Zu Mittag war ich auf einer Hochzeit, und das Nachtmahl nehme ich zu Hause ein!»

Im Hüttchen aber ist kein Fremder zu sehen, Baba-Jaga bemerkte Katharina nicht.

Tastend suchte Baba-Jaga hinter dem Ofen, schaute unter die Ofenbank – niemand! – und warf sich aufs Lager. Und Baba-Jaga schlief nach Jagascher Art bis zum Morgengrauen. Dann erhob sie sich, weckte Aljona, scheuchte alle Frösche und Eidechsen auf, bestieg den Mörser und fuhr los – zur Hexenhochzeit.

Verschwunden war Baba-Jaga – keine Spur blieb von ihr. Da holte Aljona aus der Truhe Jagas Gerte hervor, zog die Nadel aus ihrem Halsausschnitt, berührte sie mit der Gerte, und die Nadel verwandelte sich in Katharina.

Da bat Katharina, daß man ihr den Weg zeige: kommt Baba-Jaga zurück, wird ihr Schlimmes widerfahren.

Aljona aber ist froh.

«Seit drei Jahren lebe ich bei Jaga im Hüttchen», sagte Aljona, «und viele Wunder hab ich geschaut. Nur fortgehen konnte ich nicht; allein ist es schwer, allein schafft es keiner.»

Schwer ist es, von Baba-Jaga fortzugehen. Wie soll man es anstellen? Bemerkt es das Weichtier, Baba-Jagas Sohn mit den sieben Schlünden, erhebt es ein solches Geschrei, daß Baba-Jaga auch unter der Erde seine Stimme vernimmt. Wie soll man da fortgehen?

Aljona knetete einen Teig, bestrich damit alle Schlünde des Weichtiers, holte aus der Truhe die *Zauberbürste*, den *Feuerstein* und den *Feuerstahl* hervor und nahm Katharina bei der Hand.

«Gehen wir, Schwester!»

Sie machten sich auf den Weg und liefen durch den feuchten Nadelwald, ohne sich umzusehen.

Das Weichtier aber leckte sich vergeblich die Schlünde, nur einen leckte es leer.

«Oh, Mamachen», schrie der Siebenschlündige, «die Mädchen sind fort!»

Baba-Jaga saß als Brautwerberin an einer Hexenhochzeit. Baba-Jaga erkannte die Stimme und lauschte gespannt.

Das Weichtier aber leckte auch seinen zweiten Schlund leer.

«Oh, Mamachen», schrie der Siebenschlündige, «die Mädchen sind fort!»

Und wieder schien es Baba-Jaga, als riefe ihr Sohn, nur war seine Stimme undeutlich und im Lärm kaum zu hören.

Das Weichtier aber leckte sich auch den siebten und letzten Schlund leer und schrie: «Oh, Mamachen, die Mädchen sind fort!»

Da lief Baba-Jaga zum Mörser, und heimwärts ging's.

Als Baba-Jaga ins Hüttchen kam, betrat sie all ihre Stuben: da waren die Frösche und Eidechsen, das siebenschlündige Weichtier, der Stickrahmen, nur Aljona war fort – und wieder eilte sie zum Mörser, winkte mit dem Besen, und los ging's mit der Hetzjagd.

Die Mädchen liefen, liefen durch den Wald, ohne zu rasten, ohne auszuruhen. Sie liefen und liefen, und wie sie sich umdrehten, hatte Baba-Jaga sie eingeholt.

«Ah! Ihr Verfluchten, jetzt hab ich euch!»

Da warfen die Mädchen die *Zauberbürste* hinter sich – und sie wurde zum Dickicht.

Baba-Jaga irrte umher. Lange kämpfte sie sich durchs Dickicht, nur mit großer Mühe gelangte sie schließlich ins Freie und nahm wie ein Sturmwind die Hetzjagd wieder auf. Und sie holte die beiden ein.

«Ah! Ihr Verfluchten, jetzt hab ich euch!»

Da warfen die Mädchen den *Feuerstein* hinter sich – und er wurde zum Berg.

Steil ist der Berg, hoch erhebt er sich vor Baba-Jaga. Baba-Jaga kletterte, kletterte immer höher, bis sie mit großer Mühe den Gipfel erklomm, und schon nahm sie wie ein Sturmwind die Hetzjagd wieder auf. Sie holte die beiden ein.

«Ah! Ihr Verfluchten, jetzt hab ich euch!»

Da warfen die Mädchen den *Feuerstahl* hinter sich – und er wurde zum Flammen-Fluß.

Er brodelt, der Fluß. Baba-Jaga geht zum einen Ende – hier glüht Feuer, zum andern Ende – auch dort glüht Feuer. Und Baba-Jaga kehrte heim in ihr Hüttchen.

Die Mädchen aber liefen. Sie liefen durch den Wald, ohne zu rasten, ohne auszuruhen. Sie liefen und liefen, bis sie zu jenem Loch kamen, durch welches Katharina in die Tiefe gestürzt war. Und sie gelangten auf die weite Erde.

3

Da waren sie nun auf der weiten Erde. Wieder hatten sie Boden unter den Füßen, wieder einen Weg.

Aljona gestand Katharina, auch sie habe den leiblichen Bruder geliebt, sei in die Erdentiefe gestürzt und auf Baba-Jaga gestoßen.

«Komm in mein Haus», schlug Katharina vor, «du wirst meinen Bruder heiraten.»

«Du aber heirate den meinen, liebe Schwester!»

Und sie machten sich auf den Weg, Aljona und Katharina, wie Schwestern.

Aljona heiratete Katharinas Bruder, Katharina aber heiratete Aljonas Bruder. Und sie lebten zusammen, glücklich und zufrieden.

1911

Die Freundinnen

1

Es lebten einmal zwei Freundinnen, Anjuschka und Waruschka, die waren wie füreinander geschaffen. Anjuschka wohnte bei der Mutter, Waruschka aber allein, drei Werst von Anjuschka entfernt: ihre Eltern waren gestorben.

Es verging kein Tag, ohne daß die Freundinnen sich gesehen hätten: einmal sitzt Waruschka bei Anjuschka, und sie lassen sich's gutgehen, ein andermal geht Anjuschka zu Waruschka, die Freundin besuchen. So verkehrten sie miteinander.

«Ohne dich, Anjuschka, ist mir die Welt nicht lieb.»

«Dich, Waruschka, werde ich nie verlassen.»

Wenn der Abschied naht, stehen sie lange unschlüssig herum und trennen sich nur schwer. Tags darauf aber sind sie schon wieder vereint: Anjuschka geht zu Waruschka oder Waruschka zu Anjuschka. So lebten sie.

«Ohne dich, Anjuschka, verlier ich das Leben.»

«Dich, Waruschka, werde ich nie verlassen.»

Da begann man um Anjuschka zu freien. Sie sträubte sich – nie wird sie heiraten –, die Mutter aber bestand darauf, die Alte. Und man gab Anjuschka dem Andrej. Das Mädchen nahm sich zusammen, murrte ein wenig und fügte sich zuletzt: es war ihr ein guter und hübscher Mann beschieden.

2

Andrej fuhr in die Stadt. Anjuschka blieb allein zu Haus. Und Anjuschka beschloß, die Freundin zu besuchen: seit der Hochzeit hatten sie sich nicht mehr gesehen, sie sehnte sich nach Waruschka.

Anjuschka verließ das Haus, unterwegs aber kam ihr ein Mädchen mit einem Namenstagskuchen entgegen.

«Wohin gehst du, Anjuschka?»

«Zu Waruschka auf Besuch.»

«Geh nicht zu Waruschka, es wird dir Böses widerfahren.»

«Was soll das, wir kennen uns schon lange.»

Und Anjuschka ging weiter. Da kam ihr ein Weib mit Wäsche unterm Arm entgegen: sie hatte die Wäsche im Bach gespült und trug sie nach Hause.

«Wohin gehst du, Anjuschka?»

«Zu Waruschka auf Besuch.»

«Du solltest nicht zu Waruschka gehen, sie wird dir Böses antun.»

«Was sagst du da! Sie mir Böses antun?»

Und Anjuschka ging weiter. Da kam ein Bauer mit Heu gefahren.

«Wohin gehst du, Anjuschka?»

«Zu Waruschka auf Besuch.»

«Geh nicht zu Waruschka, Waruschka ist eine Menschenfresserin.»

«Was du nicht sagst!»

Und Anjuschka ging weiter, bis sie zu Waruschka kam. Da sieht sie: neben der Vortreppe liegt ein abgenagtes Kinderbein – Anjuschka traut ihren Augen nicht. Und wie sie die Treppe hinaufsteigt, liegt dort ein Arm – Anjuschka kann's nicht fassen. Und wie sie den Flur betritt, sieht sie Leiber und Köpfe von Menschen. Ob du willst oder nicht – du mußt es glauben.

«Komm schnell herein!» ruft Waruschka und

öffnet die Tür; «komm nicht, komm nicht!» ruft sie und winkt, als wehrte sie ab.

Sie ruft die Freundin zu sich, und ruft sie doch nicht.

Außer Sinnen stürzte Anjuschka ins Haus.

Da sitzt Waruschka am Fenster – einst hatten die Freundinnen hier gesessen.

«Setz dich, Anjuschka!» Und sie schaute... so ungut.

Und wie früher saßen die Freundinnen am Fenster. Wie viele Abende hatten sie hier verbracht, hatten Beeren gegessen und Lieder gesungen! Jetzt schwiegen sie.

«Ich geh nach Hause, Waruschka», besann sich Anjuschka, «du bist nicht die alte, alles ist anders als früher.»

«Geh nicht, Anjuschka!» bat Waruschka. Und sie schaute... so ungut.

Und wieder saßen die Freundinnen nebeneinander wie früher. Wie viele Abende hatten sie hier am Fenster verbracht, hatten Beeren gegessen und Lieder gesungen! Jetzt aber schwiegen sie.

Da erhob sich Anjuschka und wollte nach Hause. Waruschka aber ließ die Freundin nicht ohne Nachtmahl ziehen.

«Iß zuerst, dann kannst du gehen!» Und Waruschka deckte den Tisch und trug eine Fischpastete auf – die Fischpastete aber war aus Menschenfingern gemacht, und sie bewirtete die Freundin mit der Pirogge.

Anjuschka nahm jedoch nichts von der Pastete, sondern steckte sie in den Busen.

Und Waruschka bemerkte es nicht.

«Nun, hast du die Fischpastete gegessen?»

«Hier ist sie», und Anjuschka zeigte auf ihr Herz, als hätte sie sie gegessen – gehen will sie, leb wohl, Waruschka.

Waruschka aber schweigt und schaut nur so…

«Laß mich gehen, Waruschka!» bat Anjuschka: sie fühlte etwas Ungutes nahen.

Waruschka aber schweigt und schaut nur… so ungut. Dann packte sie Anjuschka an der Hand, am Ellbogen und unter dem Arm.

«Nein, nun du gekommen bist, bleiben wir zusammen!» Und sie machte sich an Anjuschka heran und aß sie auf mit Haut und Haar.

3

Nachts kehrte Andrej aus der Stadt zurück und erschrak – die Frau war weg. Er ließ zur Mutter schicken, auch dort war sie nicht.

«Zu Waruschka ist sie gegangen», sagten die Leute, «wir haben sie gesehen!»

Andrej wartete die ganze Nacht – Anjuschka aber kam nicht. Und als es tagte, lief Andrej schnurstracks zu Waruschka. Sieh mal an, neben der Vortreppe liegt ein abgenagtes Kinderbein, auf der Vortreppe ein Arm, und wie er den Flur betrat, sah er dort Leiber und Köpfe von Menschen. Andrej eilte nach Hause, rief die Dorfältesten herbei und berichtete, was er gesehen.

Da versammelte sich das ganze Dorf, und alles Volk machte sich mit Gerätschaften zu Waruschka auf.

Das Volk umstand die Hütte, man vergitterte die Fenster und nagelte die Tür zu. Waruschka aber sprang durch die Stube, ach, wie sie hopste! Sie sprang und hopste und beruhigte sich zuletzt. Man schaute durchs Fenster, da liegt sie, ganz ruhig. Dann schleppte das Volk Reisig herbei, brachte Feuer, entzündete das Reisig, und das Feuer griff um sich. So legten sie die Hütte in Schutt und Asche.

1911

Die schöne Fichte

Es war einmal ein reicher Bauer, der hatte drei Töchter: zwei kluge und eine törichte. Der Vater fuhr mal in die Stadt zum Jahrmarkt, da sprachen die beiden Älteren: «Väterchen, kauf uns ein Paar Galoschen.»

«Mir aber kauf eine Fichte!» bat die Törichte.

Der Vater fuhr in die Stadt, besuchte den Jahrmarkt und kehrte mit seinen Einkäufen heim; er brachte mit, was sie sich gewünscht hatten: den Älteren und Klugen – Galoschen, der Jüngsten, Törichten – eine kleine Fichte. Lachend sagte er: «Was willst du mit ihr, den Ofen heizen?»

Die Törichte aber nahm die kleine Fichte, trug sie in den Garten und pflanzte sie ein. Tag und Nacht ist die Törichte bei ihrem Bäumchen. Und so, wie die Fichte wächst, wächst auch die Törichte.

Die klugen Schwestern hatten ihre Galoschen längst zerschlissen, sie hängten die Reste im Garten auf, um Spatzen und Elstern zu schrecken, die Fichte der Törichten aber war zu einem schönen und schlanken Baum herangewachsen. Es war kein gewöhnlicher Baum: klopfte man an, ging ein Türchen auf, und man trat in ein Häuschen – da waren Truhen, und in den Truhen prächtige Gewänder, wie nur die Zarin sie trug. Aber es wußte niemand davon, nur die Törichte allein.

Unweit vom Dorf lebte ein Fürst. Sein Vater war gestorben, und der Fürst beschloß zu heiraten. Viele Länder und Reiche hatte er bereist, aber nirgends eine Braut nach seinem Sinn gefunden. Der Fürst ließ viel Volk aus allen Dörfern und Flecken zu einem Mahl laden:

«Vielleicht», dachte er sich, «wird meine Zukünftige unter den Geladenen sein.»

Die klugen Schwestern baten den Vater, hingehen zu dürfen, und machten sich schön.

«Nehmt auch mich mit!» bat die Törichte.

«Willst du etwa das Volk schrecken!» höhnten die Schwestern und ließen sie stehen und gingen allein.

Da eilte die Törichte in den Garten zu ihrer Fichte, klopfte an – das Türchen ging auf, und die Törichte befand sich im Häuschen. Dort schmückte sie sich und gewandete sich so, daß sie nicht wiederzuerkennen war – einer Zarin sah sie gleich. Und als sie aus dem Häuschen trat und das Türchen sich schloß, kam wie aus heiterem Himmel eine Troika mit hellem Schellenklang angefahren. Die Törichte nahm Platz und fuhr zum Gastmahl des Fürsten.

Viele schöne Mädchen hatten sich daselbst versammelt, die Schönste von allen aber war – die Törichte. Der Fürst wich nicht von ihrer Seite, bewirtete sie, doch konnte er nicht erfahren, wer sie war. Und niemand erkannte die Törichte, auch die Schwestern erkannten sie nicht; sie selbst aber gab sich niemandem zu erkennen.

Da dachte der Fürst sich dieses aus: Bevor die Törichte aufbrach, ließ er die Schwelle mit Kirschleim bestreichen, er selbst aber geleitete sie bis in den Flur. Und als die Törichte auf die Schwelle trat, ließ sie einen Schuh zurück.

Tags darauf zogen die Diener des Fürsten in alle Dörfer, um zu erkunden, wer seinen Schuh beim Fürsten verloren habe. Und die Diener kamen auch in das Haus der Törichten. Sie befragten die klugen Schwestern, dann kam die Reihe an die Törichte – sie saß auf dem Ofen, abgerissen und rußbefleckt.

«Ist das dein Schuh?» grinsten die Diener des Fürsten, auch die Schwestern lachten und der Vater.

«Ja, er ist's», sagte die Törichte, stieg vom Ofen und eilte in den Garten.

In ihrer Fichte schmückte und gewandete sie sich wie eine Zarin und kehrte ins Haus zurück. Und alle vergingen schier vor Staunen: wie schön sie ist – schön wie eine Fichte!

Da kam auch der Fürst gefahren, man feierte Hochzeit, und die Törichte wurde zur Fürstin. Und sie lebten glücklich und zufrieden, der junge Fürst und die Fürstin.

1910

Die Gevatterin

Es war einmal eine alte Frau, die Kondratjewna. Von Jugend auf war sie scharfsichtig und redselig gewesen, im Alter aber sah sie, obwohl ihre Sehkraft nachgelassen hatte, noch schärfer, und was das Reden angeht, so sprach sie trotz ihrem vorstehenden Zahn so viel, daß selbst der redegewandteste Schwätzer gegen ihr Murmeln nicht aufgekommen wäre. Die Kondratjewna aber hatte eine Gevatterin – eine Freundin war's, sie teilten Speis und Trank geschwisterlich. Die alten Weiber liegen gewöhnlich auf dem Ofen und jammern, die beiden Freundinnen aber trafen sich am Abend zum Schwatz und saßen bis zum Hahnenschrei und wären gern eine Ewigkeit so gesessen, schwatzend.

Da starb die Gevatterin, die Freundin.

Und die Kondratjewna blieb allein.

Fromm war die Kondratjewna, und sie liebte den Gottesdienst. Alles bemerkte die Kondratjewna, alles beobachtete sie genau: wer wie steht, wer gähnt und wer hustet, wer was anhat – nichts entging der Alten. Doch seit die Gevatterin tot war, hatte sie niemanden, dem sie's weitererzählen konnte, und auch sie selbst bekam nichts zu hören, die Gevatterin war ja verstummt.

Die Kondratjewna langweilte sich ohne die Gevatterin – da liegt sie auf dem Ofen, weil Schlafenszeit ist, und schläft nicht, liegt nur und zählt die Schaben.

So liegt die Kondratjewna denn schlaflos, zählt die Schaben und denkt an die Gevatterin.

Da hörte sie einmal mitten in der Nacht Glokkengeläut. Und sie stand auf und eilte in die Kirche. Die Kirche aber ist voll von Verstorbenen: in weiße Leichentücher gehüllt, sehen die Verstorbenen alle gleich aus, kein Gesicht ist zu erkennen, und so weiß man nicht, wer Iwan ist, wer Marja, wer heuer starb, wer im vergangenen Jahr. Und wie sehr die Kondratjewna ihr Auge auch anstrengt, sie sehen alle gleich aus in ihren Leichentüchern.

Die Gevatterin aber, die Freundin der Kondratjewna, warf ihr Leichentuch ab und sprach: «Jetzt ist die Gebetsstunde der Seligen, nicht die eure; geh weg und mach, daß es niemand erfährt – kein Wort!»

Die Kondratjewna kehrte heim: was sollte sie die Verstorbenen stören, was konnte daraus Gutes werden, man wird sie am Ende noch fressen mit Haut und Haar. Und den ganzen Tag über hielt die Kondratjewna ihren mitternächtlichen Schwur. Doch wie sie mitten in der Nacht erneut den Glockenton vernahm, verscheuchte der Wunsch, die Toten zu sehen, all ihre Ängste. Und die Alte stand auf und eilte schnurstracks in die Kirche: wer ist Iwan, wer Marja, wer starb heuer, wer im vergangenen Jahr – alles will sie ergründen, alles erfahren. Und wieder befahl ihr die Gevatterin, die Freundin, zu gehen.

Drei Nächte schlich die Kondratjewna heimlich in die Kirche, dreimal jagte die Gevatterin sie davon. In der vierten Nacht aber vernahm die Kondratjewna keinen Glockenton, in der vierten Nacht stand ein Toter vor ihrer Tür. Wie er schweigend in seinem Leichentuch dastand, flößte er der Kondratjewna große Angst ein.

Auch in der folgenden Nacht stand der Tote vor ihrer Tür und schreckte sie.

«Wer bist du – Iwan oder Marja? Wann bist du gestorben – heuer oder vor einem Jahr? Was begehrst du?» wollte die Alte wissen; wie aber sollte sie's erfahren – der Tote schweigt nur und flößt ihr Angst ein.

Da dachte sich die Kondratjewna dieses aus: Noch vor Anbruch der Dunkelheit deckte sie den Tisch mit einem Tischtuch, ließ den Hahn unter den Tisch, damit er zu Mitternacht krähe – sie selbst aber kletterte auf den Ofen, um die Nacht abzuwarten.

Da liegt die Kondratjewna auf dem Ofen, zählt die Schaben, erwartet die Nacht, erwartet den Toten.

Und es wurde Nacht, und der Tote stand vor der Tür. Wie ihn die Kondratjewna erblickte, kletterte sie rasch vom Ofen und winkte ihn herbei, zum Tisch.

Der Tote nahm Platz und sprach: «Ich freß dich auf! Was hast du dich erkühnt, uns zu ungebetener Stunde aufzusuchen, meine Geduld ist zu Ende!» und warf das Leichentuch ab.

Da stöhnte die Kondratjewna vor Verwunderung auf: die Gevatterin, die Freundin, saß am Tisch.

Das Tischtuch aber sprach: «Man scheuert mich, man wäscht mich, man spült mich, und alles erdulde ich, du aber kannst diese Kleinigkeit nicht ertragen!» So sprach das Tischtuch zur Gevatterin.

Da krähte der Hahn, und die Tote verschwand.

1911

Die Wahrsagerin

Es war einmal ein König in einem fernen Lande, der war streng, stand für die Wahrheit ein und liebte die Ordnung – ein Ordnungsstifter war er. Diebe, Gauner, Bösewichte und Tunichtgute, die sein Reich bevölkerten, änderten ihre Gesinnung oder setzten sich in andere Länder ab. Der König war streng und gerecht – ein Ordnungsstifter war er.

Da wurde der König krank: man versuchte dieses und jenes, man tat alles Erdenkliche, doch blieb es ohne Nutzen, half nicht.

Da sprach die Königin zum König: «In unserm fernen Reich lebt eine Wahrsagerin, ein altes Weib. Laß sie rufen, sie wird dir sagen, an welcher Krankheit du krankst.»

Der König befolgte der Königin Rat.

Man fuhr zur Alten und bat sie zum König. Und die Alte kam, die Wahrsagerin in Gestalt.

«Sei gegrüßt, mein Kind, Eure königliche Hoheit!» sagte die Alte und wagte kaum, den König anzuschauen: alle fürchteten den König.

Zärtlich begrüßte der König die Alte, entfernte seinen nächsten Diener und blieb mit der Alten allein.

«Was denkst du, Mütterchen», sprach er, «steht mir der Tod bevor, oder werde ich noch leben?»

Die Alte erstarb vor Angst.

«Nun sag schon, Mütterchen!»

Da sprach die Alte zum König: «Wie sollte ich Gottes geheimen Ratschluß ergründen», und fiel dem König zu Füßen, «beginnst du, mein Kind, erst zu prophezeien, hast du bald nichts mehr zu beißen!»

Da erbarmte sich der König der Alten.

«Wenn du's nicht weißt, Mütterchen», sprach er, «und man fragt dich, so sage: ‹Auch der König muß sterben.› Dem Tod, Mütterchen, kann keiner entgehen.»

«Recht hast du, mein Kind.»

Und die Alte nahm Abschied und verließ den König.

Da fielen auch schon alle über die Alte her, wollten wissen, wie es um den König stünde.

«Wird der König leben oder sterben?» wollten sie wissen.

«Am Morgen wird er sterben!» verkündete die Alte, wie der König selbst ihr befohlen hatte, und bis zum Morgen gab sie einem jeden, der's wissen wollte, einsilbig zur Antwort: «Am Morgen wird er sterben!»

Und bis zum Morgen wiederholten alle das Wort der Alten, das Wort des Königs: «Am Morgen wird er sterben.»

Am Morgen starb der König.

Und als man erfuhr, daß der König wahrhaftig gestorben sei und die Prophezeiung sich erfüllt habe, ließ man der Alten Gutes angedeihen – sie hatte fortan Brot genug.

1910

Die Herzliche

Vieles kann man mit dem Wort erreichen: zaubern kann man oder das Unglück vertreiben. Kluge Menschen wissen, wann sie reden müssen, wann schweigen.

Es starb Elisabeths Mann, und sie blieb mit ihren sechs Kindern allein; schwer ist es mit sechs Kindern, viel Leid hat man zu ertragen!

Gut hatte Elisabeth mit ihrem Mann gelebt, und sie sehnte sich nach ihm. Tagsüber war sie beschäftigt, kannte keine Rast; wenn aber die Nacht kam, fand sie keinen Schlaf, die Sehnsucht raubte ihr die Ruhe.

Da begann er, sie nachts zu besuchen, an die Tür klopfte er.

Er kam ein erstes Mal, kam auch ein zweites Mal.

Und er kam auch ein drittes Mal und begehrte Einlaß.

«Mach auf», flehte er, «ich will nach den Kindern sehen!» Er liebte die Kinder, und sie taten ihm leid.

Elisabeth hörte es und erschrak – die Haare standen ihr zu Berge –, sie erhob sich und öffnete die Tür zum Flur.

«Als du weggingst und uns allein zurückließest», sagte sie, «tat's dir nicht leid; jetzt aber hab ich mit dir nichts mehr zu schaffen, ich laß dich nicht ein!»

Er aber steht vor der Tür und klopft und fleht.

Bis zum Hahnenschrei gab der Tote Elisabeth keine Ruh: vor Angst rührte sie sich nicht, stand im kalten Flur.

Am Morgen erzählte Elisabeth allen Leuten, der Verstorbene habe sie heimgesucht, und wer immer vorbeikam – Wanderer oder Bettler –, allen erzählte sie's, machte kein Hehl daraus, und das Volk erbarmte sich ihrer, denn sie war freigebig und herzlich zu den Armen.

Jeder hatte Mitleid, jeder, dem sie ihr Unglück klagte.

Von da an ließ der Tote sie in Ruh.

1912

Die Raterin

Es war einmal ein Alter mit seiner Frau; es ging ihnen schlecht, sie waren so verarmt, daß sie kein einziges Stück Brot mehr hatten. Was sollten sie tun? Die Alte dachte sich dieses aus:

«Geh zum Nachbarn», sagte sie zu ihrem Alten, «der Nachbar ist reich, hole seine Kühe und treibe sie auf unsern Weidegrund!»

Der Alte war einverstanden: was die Alte wollte, das wollte auch er. Und so trieb er die Kühe des Nachbarn auf seinen Weidegrund. Die drüben, beim Nachbarn, aber vermißten das Vieh, suchten die Kühe und konnten sie nicht finden.

Die Alte wartete den richtigen Zeitpunkt ab und eilte zum Nachbarn.

«He, Nachbar», sprach sie, «soll ich heute abend deine Kühe heimtreiben?»

Da freute sich der Nachbar.

«Wenn es dir gelingt, Mütterchen», sprach er, «so werde ich's dir reichlich vergelten, nur schaff die Kühe herbei.»

Da eilte die Karassjewna nach Hause, zum Alten.

«Alter», sagte sie, «treib die Kühe zurück.»

Der Alte war einverstanden: was die Alte wollte, das wollte auch er. Und so trieb er die Kühe zum Nachbarn zurück. Der Nachbar aber gab der Karassjewna aus lauter Freude ein Pud Mehl.

Und die beiden Alten lebten zufrieden vor sich hin, und alles war gut, solange sie vom nachbarlichen Mehl zehrten.

Doch da ging das Mehl aus, und die Alten gerieten in Armut und Not. Und wieder griffen die Alten auf das Bewährte zurück und wiederholten mit dem andern Nachbarn, was sie mit dem ersten getan: sie holten seine Kühe, der Alte trieb sie wieder zurück und ergatterte sich ein Pud Mehl.

So lebten die Alten den ganzen Sommer von Diebesgut.

Die Karassjewna aber wurde für ihre Zauberkraft so berühmt, daß selbst der Herrscher davon erfuhr.

In jenen Tagen hatte der Herrscher einen Edelstein verloren, und wie sehr man auch suchte, es konnte ihn keiner finden, just als hätte ihn das Wasser verschluckt. Da fiel dem Herrscher ein, er könnte die Karassjewna erproben: soll die Alte raten, wer seinen Edelstein entwendet hat.

Zwei Lakaien des Königs fuhren zu ihr: Bauch und Rücken – sie selbst hatten den Stein geraubt, doch ist es streng geheim. Die Lakaien fuhren also zur Karassjewna und führten unterwegs solche Gespräche:

«Hör mal, Bauch», sagte Rücken, «laß uns prüfen, ob die Alte erraten kann, daß wir den Stein des Königs geraubt: wir verstecken Hühnereier im Schlitten; findet sie's heraus, ist sie fürwahr eine Zauberin.»

«Nun gut», willigte Rücken ein.

So wollten die Diener die Kraft der Alten erproben. Und wie sie ins Dorf kamen – noch hatten sie vor dem Haus nicht mal haltgemacht –, besorgten sie sich sogleich Hühnereier und verstauten sie heimlich im Schlitten.

Als die Karassjewna von Rücken und Bauch erfuhr, daß sie Lakaien des Königs wären und dazu entsandt, sie zum Herrscher zu bringen, erschrak sie auf den Tod.

«Ich fahre nicht», trotzte die Alte, «ohne den Alten fahre ich nicht, auch er kennt sich aus.»

Den Dienern aber war's einerlei, ob mit oder ohne den Alten; sie luden das Gepäck ein, und los ging die Fahrt.

Der Alte setzte sich in den Schlitten, auch die Alte setzte sich und nahm Abschied von zu Hause – auf Nimmerwiedersehen!

«Ich hätte hier sitzen sollen», sagte sie, «wie eine Glucke auf den Eiern.»

Und die Diener stießen sich heimlich an.

«Eine Hexe ist sie fürwahr, gleich hat sie's erraten!» Und sie schwiegen den ganzen Weg: je näher sie zum Herrscher kamen, desto größer ward ihre Angst.

Auch der Alte und die Alte schwiegen: nie mehr würden sie heimkehren!

Nachts gelangten die Alten zum königlichen Palast. Man wies ihnen ein Zimmer zu und hieß sie schlafen. Bauch und Rücken aber standen hinter der Tür und spitzten die Ohren.

Der Alte wälzte sich im Bett – wie hätte er schlafen können!

Da hielt er's nicht länger aus und sagte zur Alten: «Eine Krähe ist in die oberen Räume geflogen, was wird aus uns werden?»

«Wie's dem Bauch ergehen wird, so auch dem Rücken!» sagte die Alte bitter, ihr war traurig zumut: sie hatten zwar in Armut, nicht aber im Unglück gelebt, nun war alles aus und zu Ende.

Als die beiden Diener Bauch und Rücken die

Worte der Alten vernahmen, kauerten sie sich vor die Tür.

«Wir müssen ihn hergeben, die Hexe hat's erraten, wir müssen ihn hergeben!» Und sie schlichen vorsichtig in ihr Kämmerchen, kramten in der Truhe, holten den Stein hervor, schlichen mit dem Stein zu den Alten zurück und klopften an die Tür.

Die Alten stießen sich vor Angst, konnten die Tür nicht finden, und als sie sie endlich öffneten, waren sie fast tot vor Schreck.

Da fielen Bauch und Rücken der Alten zu Füßen: «Sag kein Wort über uns, Mütterchen, sag nicht, daß wir ihn versteckt hielten!» Und sie reichten der Alten den Stein und hundert Rubel in bar.

Die Karassjewna nahm das Geld und den Stein und hielt ihn bis zum Morgen fest in der Hand, und der Alte stand vor ihr und verdeckte sie: der Edelstein strahlte und spielte in allen Farben wie die Sterne – Gottes Lichter.

Am Morgen führte man die Alte zum Herrscher.

«Nun, Alte, hast du's erraten?» fragte der Herrscher.

«Ich hab's erraten, Väterchen», sagte die Karassjewna, «ich weiß, wo dein Stein ist. Nach Moskau wurde er gebracht, in einer Woche schaff ich ihn herbei.»

Und eine ganze Woche lebten der Alte und die Alte am Hofe des Herrschers, eine ganze Woche verließen sie ihr Zimmer nicht, denn sie hüteten den Stein: Gott bewahre, daß ihn einer entwendet!

Nach einer Woche führte man die Alte vor

den Herrscher, und die Karassjewna überreichte ihm den Edelstein.

Der Herrscher staunte über ihre Zauberkraft.

«Nun, Mütterchen», sprach er, «für diesen Dienst ist auch ein königliches Geschenk zu gering! Willst du hier leben, oder fährst du zurück in dein Dorf?»

Der Karassjewna verschlug es fast den Atem, und sie fiel dem Herrscher zu Füßen: «Väterchen, fahre mich dahin zurück, woher du mich geholt hast.»

Und der Herrscher entließ die Alten und ernährte sie bis an ihr Lebensende.

1912

Die Scharfsinnige

1

Es lebte einmal ein armer Mann, der hatte viel zu erdulden und viel Mißgeschick: nichts gelang ihm – nie und nimmer. Und dabei war er nicht auf Reichtümer aus, er wünschte sich nur eins: daß Gott ihm über die tägliche Runde helfe. Er hatte Weib und Kind – und friedlich hätten sie leben können, nur wovon? Und je länger es anhielt, desto größer wurde das Elend. Zuletzt ging's so schlecht, daß sie nichts mehr zu beißen hatten.

Prochor verließ das Haus, doch wo er hin will – das weiß er selber nicht. Aber gehen muß er, und ohne Geld darf er sich daheim nicht blicken lassen. Doch woher das Geld nehmen – vom Himmel fällt keine Kopeke. Und bitter war ihm zumut.

«Wenn mir meinetwegen der Teufel Geld gäbe – ich würde ihm meine Seele verkaufen, nur um die Kinder satt zu kriegen!»

Kaum hatte er dies gedacht, stand der Teufel auch schon vor ihm.

«Sei gegrüßt, Iwanytsch!» sprach er, und das Gold funkelte in seiner Pranke, «willst du's haben?»

Was tun: da sagst du nicht nein – das Geld ist da, greif zu.

«Gib her!» sagte Prochor und streckte die Hand nach der Goldmünze aus.

Da sprach der Teufel: «Du bist mir einer! Zuerst, Iwanytsch, erweise mir einen Dienst, dann kriegst du das Geld. Gib mal den Mittelfinger her... einige Tröpfchen Blut, ein klein wenig, und damit unterschreibe den Pakt, Iwanytsch, dann ist die Sache fix.»

«In Ordnung», willigte Prochor ein.

Und sie taten so – entnahmen dem Mittelfinger etwas Blut, Prochor unterschrieb den Pakt, und der Teufel übergab ihm die Goldmünze.

«Die Seele hol ich mir noch, leb wohl!» sprach der Teufel und wedelte mit dem Schwanz.

2

Und Prochor kehrte mit der Goldmünze heim. Und seit jener Zeit ging das Geld nicht aus; Prochor wurde reich und fing einen Handel an, und es begann ein anderes Leben. Der Arme vergaß alle Not, lebte sorglos und bemerkte kaum, wie das Alter heranrückte.

Und je näher der Tod, desto nachdenklicher wurde der Alte.

Es quälte ihn, daß er seine Seele dem Teufel verschachert und den Pakt mit dem eigenen Blut besiegelt hatte, und es quälte ihn auch, daß er mit seiner Alten so viele Jahre in Freundschaft und Liebe gelebt und über alles offen mit ihr geredet hatte, nur über das Wichtigste nicht: wie er damals zu jener Goldmünze gekommen war; das hatte er ihr verschwiegen, und so wußte die Alte auch von seinem Pakte nichts.

Da sitzt der Alte mit gebeugtem Haupt: er fürchtet den Teufel, seine Sünde plagt ihn, und schuldig ist er vor der Alten. Aber das Reden fällt ihm schwer.

«Was bist du, Alter, immer so nachdenklich?» fragte die Alte. «Früher, als wir arm waren, da gab's was zum Nachdenken, jetzt aber nicht!»

Der Alte schwieg lange, dann sagte er: «Du

weißt nicht, Alte, wo ich die Goldmünze her hatte! Damals hab ich dem Teufel meine Seele verkauft.»

So sprach der Alte und erschrak: vielleicht wird die Alte sterben vor Schreck.

Die Alte aber zeigte keinerlei Kummer: «Da hast du also was zum Greinen! Aber soll der Teufel nur kommen: holt er deine Seele, muß er auch meine nehmen; meine aber nimmt er nicht, also wird er auch deine nicht nehmen.»

3

Wenn man den Teufel ruft, so kommt er. Der Teufel klopfte an die Tür: «Mach auf, Iwanytsch, ich bin's!»

Der Alte aber ist blaß vor Schreck und rührt sich nicht.

Da ging die Alte zur Tür, öffnete und ließ den Teufel herein.

«Sei gegrüßt!» sagte der Teufel und wedelte mit dem Schwanz. «Ich komme deine Seele holen, Iwanytsch!»

«Nimm auch meine», mischt sich da die Alte ein; «so viele Jahre haben wir zusammengelebt, anders geht's nicht.»

«Was zum Teufel brauch ich deine Weiberseele, seine will ich! Was verlangst du denn für die deine?» Und er scharwenzelt herum: je mehr Seelen, desto besser.

«Geld nehm ich keins, aber löse mir drei Aufgaben: löst du sie – kriegst du beide Seelen, löst du sie nicht – so laß ab von uns und geh deiner Wege.»

«Was dir nicht einfällt!» Der Teufel sprang hoch: der Teufel kann alles, die Alte hatte ihn gekränkt.

Sie bekräftigten die Abmachung durch einen Handschlag: löst der Teufel die drei Aufgaben – kriegt er die Seele des Alten und die der Alten dazu, löst er sie nicht – kriegt er keine.

Der Alte aber ist halbtot vor Angst: er bangt um sich selbst und bangt um die Alte, daß sie in der Sache mit dem Teufel einen Fehler begeht.

Die Alte stellte sich mitten in die Stube und nieste.

«Da», sagte sie, «fang es!»

Der Teufel schlug um sich, versuchte es einzufangen, doch gelang es ihm nicht.

«Sieh mal einer an, du hast die Aufgabe nicht gelöst und nennst dich Teufel!» reizte ihn die Alte.

Der Teufel zürnt: der Teufel kann alles, die Alte hatte ihn gekränkt.

Da zog die Alte unter ihrem Kopftuch ein Haar hervor.

«Bieg es gerade!» sagte sie.

Der Teufel drehte und wendete es hin und her, preßte es zwischen die Handflächen, konnte es aber nicht geradebiegen und zerriß es.

«Das nennt sich Teufel! Zu gar nichts bist du fähig, daß du's weißt», neckte ihn die Alte.

Der Teufel aber zürnte noch mehr: der Teufel kann alles, die Alte hatte ihn gar sehr gekränkt.

«Da hab ich ein Muttermal», sprach die Alte und zeigte es dem Teufel, «schon das siebte Jahrzehnt trage ich es am Leibe; leck es mir weg, bis die Haut ganz weiß ist.»

Der Teufel leckte und leckte, die Zunge tat ihm schon weh, das Mal aber verschwand nicht, er hatte der Alten nur den Ellbogen wundgescheuert. Da konnte es die Alte nicht länger aushalten, und sie versetzte ihm einen solchen Fußtritt, daß Funken aus seinen Augen sprangen.

Und der Teufel ließ von ihr ab.

Ließ ab und nahm so schnell Reißaus, daß er sogar die Seele vergaß.

1912

König Salomo und König Goroskat

König Salomo

1

König David hatte einen blinden Bruder, Semiklej*. Semiklej war verheiratet. Und die beiden Königsfamilien – König David mit seiner Königin und Semiklej mit seiner Frau – lebten zusammen im Königsschloß. Vor dem Schloß stand ein übergroßer Baum, der goldene Früchte trug, und auf diesem Baum hatte sich Semiklejs Frau ein Lager hergerichtet, wo sie ihren Freund empfing.

Semiklej hegte Verdacht gegen seine Frau, und wenn die Stunde kam, da sie auf den Baum steigen wollte, umfing Semiklej mit seinen Armen den Stamm und verharrte daselbst; doch die Frau wußte es und schickte stets ihren Freund voraus, sie selbst stieg hinterher.

Einmal saß König David mit der Königin am Fenster und ergötzte sich an dem wunderbaren Baum mit den goldenen Früchten, Semiklejs Frau aber sah den König und die Königin nicht und bereitete ihre Sache vor: sie setzte den Freund auf den Baum und kletterte ihm nach.

Semiklej aber verharrte unter dem Baum und hielt mit den Armen den Stamm umklammert; natürlich fing er keinen – war er doch blind.

König David hatte Mitleid mit seinem blinden Bruder.

«Ich werde Gott, den Herrn, bitten», sagte König David, «daß mein Bruder sehend werde, dann wird er die untreue Frau enthaupten lassen.»

«Er wird sie nicht enthaupten lassen», sagte die Königin; «sie wird hinuntersteigen, drei Antworten geben, Ausreden finden und sich aus der schwierigen Lage befreien.»

König Salomo aber sprach im Schoß der Königin: «Eine Buhlerin ist wie die andere – doch schweigen wir drüber.»

Da erschrak die Königin.

König David aber bat Gott, den Herrn, er möge dem blinden Bruder das Augenlicht schenken.

Und der Blinde wurde sehend, es öffneten sich die Augen des Königsbruders: und Semiklej erblickte seine Frau und deren Freund auf dem Baume, und er schrie: «Steig herunter!» und drohte mit den Fäusten: er werde die Frau umbringen, und auch der Freund werde nicht heil davonkommen.

Die Frau kletterte vom Baum.

«Halt ein», sagte sie, «hör zu, was ich dir sage», und sie führte ihn beiseite; «einfältig bist du und uneinsichtig, dreißig Jahre saßest du da, ohne zu sehen, und wärst bis an dein Lebensende so gesessen, ich aber sündigte über deinem Haupt, und Gott machte dich sehend.»

Da ließ Semiklej seine Arme sinken; der Freund jedoch war in der Zwischenzeit vom Baume geklettert und hatte sich davongemacht, heil und unversehrt.

2

König David war in königlichen Angelegenheiten weggefahren, Recht zu sprechen und Ordnung zu schaffen in seinen fernen Landen. Die Königin aber war daheim geblieben und gebar ihm, als er weg war, einen Sohn – König Salomo.

Und die Königin überlegte: «Was wird aus meinem Sohne werden? Hat er schon in meinem Schoße geredet, so wird er – ist er einmal erwachsen – nicht nur reden: umbringen wird er mich!»

Und Furcht ergriff die Königin. Sie nahm ihren Sohn, den König Salomo, brachte ihn dem Schmied des Königs und nahm an seiner Statt des Schmiedes Sohn.

König David kehrte zurück; er wußte von nichts, denn die Königin schwieg sich aus, und so hielt er des Schmiedes Sohn für König Salomo.

Die Kinder wuchsen heran: König Salomo beim Schmied des Königs, der Sohn des Schmieds bei König David.

Jedesmal, wenn König David mit seinem Sohn spazierenging und dem Jungen ein Ort gefiel, sagte er: «Ach, Väterchen», sagte er, «der Ort ist so schön, wir sollten hier eine Schmiede bauen.»

Versteht sich, er war eben des Schmiedes Sohn!

Wenn aber der Schmied des Königs mit König Salomo spazierenging und König Salomo einen schönen Ort erblickte, sagte er auf Königsart: «Väterchen», sagte er, «wir müßten hier eine Stadt errichten und Leute ansiedeln.»

3

Da tauchten Gerüchte auf, und König David erfuhr vom Sohne des Schmieds und von König Salomo, und Zweifel regten sich in ihm, ob nicht etwas faul sei an der Sache. Er befragte die Königin – umsonst; er fragte seinen Bruder Semiklej – der hatte nichts gesehen, wußte von nichts; und der König befragte Semiklejs Frau und deren Freund – auch sie wußten nichts. Da betete König David zu Gott, dem Herrn, und beschloß, die Sache mit Gottes Hilfe zu prüfen und König Salomo auf die Probe zu stellen.

König David sandte nach dem Schmied, und der Schmied des Königs erschien.

Da sprach König David zum Schmied: «Komm zu mir, Schmied, weder nackt noch bekleidet, und geh weder in das Haus noch vor das Haus.»

Da verneigte sich der Schmied vor König David und kehrte heim in seine Schmiede.

Und er überlegte hin und her, doch fiel ihm nichts ein. Da rief er König Salomo und erzählte ihm, welch schwierige Aufgabe König David ihm gestellt hatte.

König Salomo aber sprach: «Töricht bist du, Schmied! Wirf dir ein Fangnetz über, schnall dir Bretter an und steh mit deren hinterem Ende auf die Schwelle des Flurs, mit den Spitzen aber auf die Schwelle des Hauses.»

Und der Schmied tat so.

«Ach, Schmied, lieber Schmied», sagte König David, «das ist dein Einfall nicht. Ein königlicher Einfall ist's.»

Es verging nicht viel Zeit, da sandte König David wieder nach dem Schmied, und der Schmied des Königs erschien.

Und König David sprach zum Schmied: «Nimm diesen meinen Stier und sieh zu, daß er in dreißig Tagen kalbt.»

Da verneigte sich der Schmied vor König David, nahm den Stier und führte ihn heim, in seine Schmiede.

Er überlegte hin und her und grämte sich, eine Lösung aber wollte ihm nicht einfallen – da rief er König Salomo und erzählte ihm, welch schwierige Aufgabe König David ihm gestellt hatte.

«Töricht bist du, Schmied! Den Stier essen wir

auf, und wenn die Stunde kommt, wird der Stier kalben.»

Da schlachtete der Schmied den Stier, briet ihn, und sie aßen ihn auf. Und es vergingen dreißig Tage, und es kam die Stunde, da der Stier kalben sollte.

Und König Salomo sprach: «Heize das Bad, Schmied, leg dich auf die Schwitzbank und brülle aus Leibeskräften, als ob du kalbtest.»

Und der Schmied tat so.

Er heizte das Bad, legte sich auf die Schwitzbank und brüllte los.

König David aber wußte, daß dreißig Tage vergangen waren und der Schmied zur Rechenschaft gezogen werden sollte, und er sandte seine Diener aus, daß sie nach dem Stiere forschten.

Als die Diener des Königs am Badehaus vorbeikamen, brüllte der Schmied: «Übel ist mir, übel!» Und er gab solche Laute von sich, daß es glaubhaft war.

Da eilten die Diener ins Badehaus: der Schmied liegt auf der Schwitzbank und brüllt aus Leibeskräften.

«Was brüllst du so, Schmied?»

«Ich komme wohl nieder», stöhnte der Schmied.

«Bist du von Sinnen, wie soll ein Mann denn niederkommen?»

Der Schmied aber sprach: «So wie ein Mann nicht niederkommen kann, so kann ein Stier nicht kalben.»

Da kehrten die Diener zu König David zurück und erzählten, was sie gesehen.

«Das sind nicht die Einfälle des Schmieds», sagte König David, «die Einfälle eines Königs sind's.»

Und König David bereitete ein Festmahl für alle Kinder seines Reiches – er selbst wollte König Salomo prüfen.

König Salomo aber unterwies die Kinder: «Fragt König David: ‹Wer ist König Salomo, er möge sich nach vorne setzen!›, so stürzt alle nach vorn und schreit aus einem Munde: ‹Wir alle sind Könige, wir alle sind Salomos!›»

Und die Kinder taten so.

König David erschien.

«Wer ist König Salomo», fragte er, «er möge sich nach vorne setzen!»

«Wir alle sind Könige, wir alle sind Salomos!» lärmten die Kinder, stürzten zum Tisch und setzten sich hin.

Und König David erfuhr nicht, wer König Salomo war, er wußte nur eins: daß sein Sohn nicht sein Sohn war, daß er seinen Sohn, König Salomo, suchen mußte.

4

Die Kinder wuchsen heran: König Salomo beim Schmied des Königs, der Sohn des Schmieds bei König David.

König Salomo scharte die gleichaltrigen Kinder um sich, erfand allerlei Spiele, sprach Recht und schuf Ordnung unter den Kindern. Sein Ruhm drang in alle Welt, und auch Erwachsene und Greise suchten die Schmiede auf, um König Salomos Rat und Urteil zu holen.

Es war auch eine Alte, die hatte auf dem Markt ein Maß Mehl gekauft und trug es nach Hause. Und wie sie mit dem Mehl ging und ein Gebet flüsterte, kam ein Windstoß, entriß ihr das Mehl und blies es in alle vier Himmelsrichtungen.

Da ging die Alte zu König David, daß er den Wind richte: sie hatte auf dem Markt ihr letztes Geld ausgegeben, mehr besaß sie nicht, und wer würde ihr das Mehl zurückerstatten?

König David hörte die Alte an und sprach: «Wie soll ich, Mütterchen, Gottes Gnade richten?»

Die Alte aber ließ nicht locker: für ihr letztes Geld hatte sie Mehl eingekauft – nun besaß sie weder Mehl noch Geld. So beharrte das Weib und piepste wie eine Maus.

Da sagten die Diener zu König David: «Laß nach dem Schmied schicken, sein Sohn wird die Sache schon prüfen.»

König David befahl, daß man den Schmied hole und den Jungen dazu. Und der Schmied kam, und es kam auch König Salomo.

Da erzählte ihm König David von der Alten, wie der Wind ihr Mehl in alle vier Himmelsrichtungen zerstreut habe: die Alte verlange ein Urteil.

«Wie kannst du, König David, diese Sache nicht richten?» wunderte sich König Salomo. «Gib mir deinen Stock, dein Zepter und deinen Purpurmantel, und ich werde mich auf deinen Thron setzen und Recht sprechen!»

Und König David setzte König Salomo auf seinen Königsthron, auf daß er über die Alte und den Wind Recht spreche. Und König Salomo versammelte das ganze Volk, alle Bewohner der Stadt, jung und alt, und die ganze Königsfamilie – die Königin, den Bruder des Königs, Semiklej, dessen Frau und den Freund derselben.

«Wer von euch hat heute zur Morgenstunde den Wind angefleht?» fragte König Salomo.

Da meldete sich ein Schiffer.

«Ich», sprach er, «hab ihn um *Beistand* auf der Fahrt angefleht.»

Und König Salomo hieß den Schiffer, der Alten ein Maß Mehl zu spenden. Der Schiffer schüttete ein Maß voll. Und so ging die Alte mit dem Mehl von dannen und dankte Gott und König Salomo für das weise Urteil.

Und das ganze Volk staunte über König Salomo.

Da bekannte die Königin, daß dieser ihr Sohn, König Salomo, sei – ihr Sohn aber des Schmiedes Sohn.

König David verzieh der Königin.

Dem Schmied aber vermachte er die königliche Schmiede, und König Salomo setzte er die Krone auf: auf daß er Recht spreche und herrsche über das ganze Königreich, über alle Völker und das ganze russische Land.

1911

König Goroskat

1

Klug und erfinderisch war König Goroskat* der Erste – in den Städten bewandert, vielgereist auf dem Lande. Einmal versammelte der König alle Minister zur Beratung.

«Ich möchte», sagte er, «ein ungesätes Feld ernten.»

Die Minister wußten darauf nichts zu erwidern: sie konnten das Rätsel nicht lösen.

«Löst ihr's nicht», sagte der König, «werdet ihr enthauptet!»

Da baten die Minister den König um Geduld: vielleicht würden sie dahinterkommen – vielleicht fällt's ihnen ein. Sie bangten um ihren Kopf, nicht wenig stand auf dem Spiel.

«Gib uns drei Tage Bedenkzeit», sagten die Minister.

Der König war damit einverstanden und entließ sie.

Die Minister trollten sich, schlenderten ziellos durch die Straßen – das Rätsel im Kopf, aber keine Lösung dazu. Und sie irrten umher – von der Seitenstraße zur Hauptstraße und wieder zurück zur Seitenstraße –, aber es wollte und wollte ihnen nichts einfallen.

Mittag war schon vorbei, und die Minister spürten Hunger.

«Ach», dachten sie bei sich, «es ist höchste Zeit, einen Imbiß zu nehmen!»

Sie waren aber schon so weit gegangen, daß keine Kneipe noch Herberge aufzutreiben war. Da sahen sie ein großes, stattliches Haus, die Türen aber waren arg verfallen und schlossen nicht.

Und so traten sie ein: Gott sei Dank, da lebten Menschen!

Ein junges Mädchen scheuerte den Boden, doch wie es die Minister erblickte, verschwand es rasch hinter dem Ofen.

«Gott bewahre mich vor einem stumpfen Aug und einem tauben Fenster!» sprach das Mädchen, brachte ihr Kleid in Ordnung, strich sich die Haare glatt und kam hinter dem Ofen hervor. Sie scheuerte den Boden fertig, trug das schmutzige Wasser hinaus und wusch sich die Hände.

«Wir möchten etwas essen», sagten die Minister.

«Was soll es sein: Gespucktes oder Gelecktes?» fragte das Mädchen.

«Sieh mal an, welch ein schlaues Mädchen», dachten die Minister, «was die sich hat einfallen lassen!»

Wie soll einer denn wissen, was gespuckt ist, was geleckt? Aber was soll's: her mit dem Essen, der Hunger ist groß.

«Bring uns Gelecktes!»

Da tischte das Mädchen eine Suppe aus gesäubertem weißem Fisch auf. Die Minister ließen sich's munden, dankten Gott und der Gastgeberin und erhoben sich. Gern hätten sie erfahren, was Gespucktes und Gelecktes war.

«Zu Unrecht eßt ihr nur Brot beim König», sagte die Gastgeberin; «hättet ihr mich um Gespucktes gebeten, hätte ich euch eine Suppe aus Kaulbarsch vorgesetzt, und ihr hättet gegessen und Gräten ausgespuckt; ihr aber habt mich um Gelecktes gebeten, und so hab ich euch eine Suppe aus gesäubertem Fisch vorgesetzt, den Fisch habt ihr gegessen und den Teller abgeleckt.»

«Sieh mal an, welch ein kluges Mädchen!» dachten die Minister.

Und ein Wort ergab das andere, sie kamen ins Gespräch und erzählten von ihrem Unglück und vom Rätsel des Königs.

«Was soll das bedeuten», sagten sie, «wenn der König ein ungesätes Feld ernten will?»

«Auch das wißt ihr nicht? Nun, geht zum König und sagt: ‹Eure Exzellenz fängt an, und wir werden Euch helfen!›»

Frohgemut eilten die Minister zum König ins Königsschloß: gerettet sind ihre Köpfe, der König wird sie nicht strafen, denn das Rätsel ist gelöst.

«Eure königliche Hoheit», sprachen die Minister zum König, «Ihr fangt an, und wir werden Euch helfen.»

«Wer hat euch das gesagt?» fragte sie der König.

Würden sie nun die Wahrheit verschweigen, würde es ihnen der König nicht nachsehen, und so gestanden sie alles und erzählten, wie sie in einem alten großen Haus auf ein junges Mädchen gestoßen waren und wie das Mädchen sie mit Gelecktem bewirtet hatte, und sie vergaßen auch nicht, das Gespuckte zu erwähnen.

«Das Mädchen ist prächtig, erfinderisch und sehr klug.»

Der Zar aber wollte die Gewandtheit und Klugheit des erfinderischen Mädchens erproben und sprach: «Bringt ihr vier Gramm Seide, und daß sie mir hieraus einen Gürtel webe!»

Die Minister des Königs nahmen die Seide und verließen das Königsschloß, das Haus aber fanden sie nur mit Müh und Not: denn die

Freude darüber, daß ihr Kopf heil geblieben, hatte ihr Gedächtnis ausgetrieben.

Das Mädchen begrüßte die Minister, und diese übergaben ihr die Seide – da nimm.

«Der König heißt dich, hieraus einen Gürtel zu weben!»

Da legte das Mädchen die Seide auf den Tisch und reichte ihnen ein Stück Mahagoniholz, weder groß noch klein zu nennen – von der Größe einer Nähnadel nur.

«Geht zum König», sprach sie, «übergebt ihm das Holz und sagt: den Gürtel werde er kriegen, nur mache mir der König zuvor aus diesem Holz eine Spule und einen Weberkamm.»

Und die Minister überbrachten das Holz und die Antwort. Der König nahm das Holz in die Hand, drehte es hin und her, blies darauf und schüttelte nur den Kopf.

«Nein», sagte er, «dies bring ich nicht zustande; geht hin und bittet das Mädchen, daß es meine Frau werde.»

Hätte der König gewußt, daß in seinem Reich Samowar-Handwerker lebten, die einen Floh beschlagen konnten, so wäre das Mädchen nicht Königin geworden*; der König hätte die Samowar-Handwerker geholt, sich deren Fertigkeit angeeignet und aus nichts eine Spule und einen Weberkamm gemacht – ein solcher König war er, der Erste unter den Königen.

Aber aus nichts kann nichts werden, und so gingen die Minister, um die Hand des Mädchens anzuhalten. Auch der König fuhr mit – und schnurstracks in die Kirche. Schnell wurde Hochzeit gefeiert, fröhlich getafelt. Und fortan lebte der König mit der jungen Königin.

2

Es lebte der König mit der jungen Königin. Er konnte nicht klagen – die Königin war klug und erfinderisch, nur eines bekümmerte den König: daß sie ihm stets zuvorkam. Hatte er sich etwas ersonnen, war's ihr auch schon bekannt. Wie soll man da König sein? Und der König beschloß, die Königin zu prüfen, ihr ein solches Rätsel aufzugeben, daß sie künftig nicht klüger als der König zu sein begehre.

Der König berief seine Minister und die Königin dazu.

«Ich will», so sprach er, «für drei Jahre in ferne Länder fahren, um die fremden Künste zu studieren. Ich nehme einen Hengst mit, einen Paßgänger, und lasse der Königin eine Stute zurück – bringt es die Königin wohl fertig, daß die Stute einen Hengst gebiert wie den meinen? Ich lasse der Königin auch einen leeren Koffer zurück, mit zwölf Schlössern verschlossen, die Schlüssel aber nehme ich mit – bringt es die Königin wohl fertig, ihn mit Gold und Silber zu füllen, ohne ein einziges Schloß zu beschädigen? Und als drittes und letztes: bringt es die Königin wohl fertig, ohne geschwängert zu sein, einen Sohn zu gebären, der mir gleicht, dem König?»

Es schwiegen die Minister, wußten nichts zu erwidern, es schwieg auch die Königin.

«Ich geb ihr eine Frist von drei Jahren; kann die Königin meine Gebote nicht erfüllen, bestrafe ich sie mit dem Tod!» sagte der König, und er bestieg sein Schiff und fuhr ins ferne Ausland.

Die Minister aber zogen ins Königsschloß und regierten das Reich ohne den König.

Als sie alleingeblieben, überlegte die Königin nicht lange, sondern baute sich ein Schiff, nahm die Stute, den leeren Koffer, mehrere Säcke Gold und Silber, bestieg das Schiff und folgte dem König ins ferne Ausland. Dort, in der Fremde, legte sie in derselben Stadt an, wo der König sich aufhielt, um die fremden Künste zu erlernen. Und da sie unbemerkt bleiben wollte, schnitt sie sich das Haar nach Männerart, zog Männerkleider an und gab sich als Prinz aus; so ging sie durch die Stadt und fragte einen jeden: «Wo hat der zugereiste König Herberge genommen?»

«Gegenüber dem Palast des Prinzen», sagten die Vorübergehenden.

Mehr wollte die Königin nicht wissen: gleich wird sie zur Tat schreiten und des Königs Gebote erfüllen – und schon eilte sie zum ausländischen Prinzen und bat ihn, daß er ihr in seinem Palast Obdach gewähre. Der Prinz erhörte ihre Bitte und wies ihr ein Gemach zu – da möge sie bleiben, solang ihr beliebt. Nun holte die Königin ihre Habe vom Schiff: den leeren Koffer, die Säcke mit Gold und Silber und die Stute. Die Stute brachte sie in den Pferdestall des Prinzen, den Koffer und die Geldsäcke aber verstaute sie unter dem Bett; dann begann sie, dem König nachzustellen: wohin er auch ging, sie folgte ihm.

Der König aber hegte keinerlei Verdacht, auch konnte er die Königin nicht erkennen: denn sie trug Männerkleider und gab sich als Prinz aus. Und überdies hatte er keine Zeit, an solches zu denken: Tag für Tag ging er zur Arbeit wie ein einfacher Mann, verrichtete die schwerste Arbeit, wollte er doch vieles kennenlernen, verstehen und beherrschen – ein solcher König war er, der Erste unter den Königen.

Nach der täglichen Arbeit ging der König in die Schenke, sich auszuruhen, die Königin aber folgte ihm nach. In der Schenke spielte man Karten. Der König aß und trank und schaute den Spielern zu. Da gelüstete es ihn mitzuspielen: die Karten gefielen ihm sehr.

Und schon saß die Königin neben dem König.

«Was sollen wir umsonst Karten knittern», sprach sie, «laß uns Schwarzen Peter spielen.»

«Nun gut.»

«Zuerst sei das Pfand bestimmt», sprach die Königin. «Verliere ich, so kriegst du hundert Rubel von mir, verlierst aber du, so bekomme ich deine zwölf Schlüssel für eine Nacht.»

«Abgemacht», sagte der König, und das Spiel begann.

Und der König zog den kürzern. Was sollte er tun: er mußte die Schlüssel hergeben! Und so eilte der König in sein Gemach, holte die Schlüssel und übergab sie der Königin. Sie blieben noch ein Weilchen sitzen und tranken Tee, dann nahmen sie Abschied und gingen ein jeder in sein Haus.

Der König sank gleich auf sein Lager: schon beim Morgengrauen mußte er zur Arbeit – hier im Ausland ziemte es nicht, zu faulenzen, hier jagten sie einen davon, ohne ein Wort zu verlieren. Die Königin aber schloß ihr Zimmer ab, holte den Koffer hervor, öffnete alle Schlösser, leerte die Säcke mit Gold und Silber und füllte damit den Koffer bis zum Rande, dann verschloß sie ihn wieder. Und am Morgen, bevor der König sich zur Schiffswerft begab, brachte sie ihm die Schlüssel zurück.

«Die Nacht ist vorbei», sagte die Königin, «hier sind deine Schlüssel.»

Und wie der König durch die Stadt geht, läßt ihn die Königin – als Prinz verkleidet – nicht aus den Augen: wohin er auch geht, sie folgt ihm.

Und wieder kehrte der König abends in der Schenke ein, und die Königin ihm nach. In der Schenke spielte man Karten. Da gelüstete es den König mitzuspielen: die Karten gefielen ihm sehr.

Im Nu setzte sich die Königin neben den König.

«Was sollen wir umsonst Karten knittern», sprach sie, «laß uns Schwarzen Peter spielen.»

«Nun gut.»

«Zuerst sei das Pfand bestimmt», sprach die Königin. «Verliere ich, so kriegst du zweihundert Rubel von mir, verlierst aber du, so bekomme ich deinen Paßgänger-Hengst für eine Nacht.»

«Abgemacht», sagte der König, und das Spiel begann.

Und wieder zog der König den kürzern.

Und so eilte er denn nach Hause, holte seinen Paßgänger-Hengst und übergab ihn der Königin; dann nahmen sie Abschied, und ein jeder ging in sein Haus.

Als die Königin zum Palast des Prinzen kam, verordnete sie sogleich, daß man den Hengst zur Stute in den Pferdestall führe. Und bis zum Morgen ließ sie den Hengst nicht aus dem Stall; erst als es tagte, brachte sie ihn dem König zurück.

«Die Nacht ist vorbei», sagte die Königin, «hier ist dein Pferd.»

Der Koffer ist verschlossen und doch voller

Gold, die Stute aber geht auch ohne Hengst tragend. Zwei Taten sind schon vollbracht, zwei Aufgaben gelöst, bleibt nur die dritte und letzte. Mit ihr aber ist sehr einfach fertig zu werden.

Die Königin bewachte den König. Als Prinz getarnt, folgte sie ihm überallhin, wich keinen Schritt von seiner Seite, und nichts entging ihr.

Und wieder kehrte der König abends in der Schenke ein, und die Königin ihm nach. In der Schenke spielte man Karten. Der König schaute den Spielern zu, und da gelüstete es ihn mitzuspielen: die Karten gefielen ihm sehr.

Im Nu war die Königin da und drängte sich zum König.

«Was sollen wir umsonst Karten knittern», sprach sie, «laß uns Schwarzen Peter spielen.»

«Nun gut.»

«Zuerst sei das Pfand bestimmt», sprach die Königin. «Verlierst du, so bekomme ich dreihundert Rubel, verliere ich, so werde ich dich eine Nacht lang bewirten.»

«Abgemacht», sagte der König, und das Spiel begann.

Und die Königin zog den kürzern.

«Glück hast du gehabt», sprach die Königin; «so komm denn um Mitternacht zu mir, auf daß ich dich bewirte.»

Die Freunde blieben noch ein Weilchen sitzen, tranken Tee, hörten dem Summen des Samowars zu und eilten dann ein jeder in sein Haus.

Zu Hause angelangt, legte die Königin rasch ihre Männerkleider ab, zog ein Frauengewand an, putzte sich fein heraus, bestellte die Tafel mit Weinen und vielerlei Süßigkeiten und Lebkuchen und harrte des Gastes.

Als es Mitternacht schlug, klopfte der König an die Tür. Die Königin öffnete und ließ ihn ein. Da schaute der König und staunte gar sehr.

«Wo ist der Prinz?»

«Er ist in die Schenke gelaufen, Wein zu holen», sagte die Königin und bewirtete den Gast allein: schenkte ihm Wein ein und Wodka.

Der Prinz aber blieb weg. Und der König vergaß den Prinzen: stark war der Wein und süß der Wodka, noch süßer aber die Prinzgemahlin.

Als es tagte, weckte die Königin den König: das Volk ging zur Arbeit, auch für ihn ward es Zeit.

«Die Nacht ist vorbei», sagte die Königin, «deine Nacht.»

Da nahm der König Abschied und ging. Die Königin aber packte ihre Sachen und bestieg das Schiff – mit dem Koffer und der Stute fuhr sie in ihre Heimat zurück.

3

Drei Jahre waren vergangen. Der König hatte alle fernen Länder bereist, sich alles angeschaut, jedes Handwerk erlernt, alle fremden Künste studiert: er wird sich sehen lassen können in seinem Reich und den Seinen gar manches beibringen. Die Bauern wird er sich gefügig machen, den Senatoren die Trägheit austreiben, Dummheit und Faulheit hinter die Berge verbannen, so gründlich wird er Ordnung schaffen, daß sein Land keinem andern mehr nachsteht. Er wird seine Kräfte nicht schonen, er selbst wird als erster – wie ein einfacher Mann – zur Axt greifen, damit sein Land gedeiht: ein solcher König war er, der Erste unter den Königen.

Der König rüstete sein Schiff für die Reise und stach in See, zurück in die Heimat. Im Hafen erwarteten ihn seine Minister. Der König begrüßte sie und eilte zum Schloß, geradewegs in sein Gemach.

Er nahm den Koffer und machte ihn auf – der Koffer aber war bis zum Rande mit Gold und Silber gefüllt, und die Schlösser waren unversehrt. Da blickte der König durchs Fenster und sah daselbst, im Garten, die Stute, unter der Stute aber ein männliches Fohlen – das Ebenbild seines Hengstes.

Da kam auch die Königin – den Sohn auf den Armen. Der König nahm das Kind und trat zum Spiegel. Der Sohn aber sah ihm so ähnlich wie ein Tropfen dem andern.

«Wie hast du das alles fertiggebracht?» fragte der König und rief seine Minister, auf daß alle es wüßten: er wird sie bestrafen!

Die Minister aber sprachen: «Einen Unschuldigen darf man nicht bestrafen.»

«Was soll das? Euch alle werde ich bestrafen!» drohte der König.

Da sprach die Königin: «Eure königliche Hoheit, seid Ihr im fremden Lande in Schenken eingekehrt?»

«Das bin ich.»

«Habt Ihr mit dem Prinzen Karten gespielt?»

«Das hab ich.»

«Habt Ihr in einer Nacht zwölf Schlüssel verspielt?»

«Das hab ich.»

«Du hast die Schlüssel verspielt, du hast auch das Pferd verspielt. Und hast du ein drittes Mal gespielt?»

«Das hab ich.»

«Hast du eine Nacht beim Prinzen gewonnen?»

«Das hab ich.»

«Du hast sie gegen mich gewonnen.»

«Nun, so herrsche mit mir», sprach der König, «du bezwingst noch die ganze Welt.»

Und der König lud alles ehrenwerte Volk zu einem großen Festmahl ein.

1911

Diebe

Diebe

1

Es war einmal ein reicher Bauer. Der Bauer hatte einen Knecht. Sissoj hieß der Knecht. Eines Tages hütete Sissoj die Pferde, da sah er ein Feuer auf dem Feld. Und Sissoj sperrte die Pferde ins Gehege und eilte zum Feuer. Wie er zum Feuer kam, sah er dort Diebe – sie tranken und zechten.

Die Diebe aber ergriffen Sissoj und hielten ihn fest. Und als sie alle Vorräte aufgebraucht hatten, löschten sie das Feuer und machten sich ins Dorf auf. Sissoj mußte mit.

Also kamen sie zum Speicher von Sissojs Herrn, brachen einen Stein aus dem Fundament und trugen Sissoj auf: «Kriech hinein, Sissoj, und hol uns, was es dort zu holen gibt.»

Sissoj tat, wie ihm geheißen, kroch in den Speicher und brachte vielerlei Ware, doch wie er hinauskriechen wollte, sprachen sie: «Hol dir auch etwas für den eigenen Bedarf.»

Und wieder kroch Sissoj in den Speicher, die Diebe aber schoben mittlerweile den Stein in die Lücke und zogen von dannen – und weg waren sie!

Was sollte er tun? Sissoj nahm einen Korb voll Mehl und stellte sich damit hinter die Tür.

Früh am Morgen ließ der Hausherr die Pferde anspannen und sprach zu seiner Frau: «Geh in den Speicher, Weib, hole Schweinefleisch und brate es braun.»

Da nahm das Weib die Schlüssel und eilte in den Speicher. Wie sie den Speicher öffnete, war Sissoj schon zur Stelle: streute ihr tüchtig Mehl in die Augen und floh.

2

Den ganzen Tag verbrachte Sissoj im Wald, als es aber dunkel wurde, wagte er sich ins Freie und erblickte ein Feuer auf dem Feld. Er eilte zum Feuer, dort aber saßen schon wieder die Diebe, sie tranken und zechten.

Die Diebe ergriffen Sissoj und hielten ihn fest. Als sie aber alle Vorräte aufgebraucht hatten, löschten sie das Feuer und schlichen ins Dorf. Sissoj mußte mit.

Also kamen sie zum Speicher von Sissojs Herrn, brachen einen Stein aus dem Fundament und trugen Sissoj auf: «Kriech hinein, Sissoj, und hol uns, was es dort zu holen gibt.»

Sissoj tat, wie ihm geheißen, und kroch in den Speicher. Im Speicher aber lag ein Toter, und gar manches war für das Begräbnis hergerichtet. Sissoj trug alles hinaus und wollte eben selber hinauskriechen, da sprachen sie: «Hol dir auch etwas für den eigenen Bedarf.»

Und kaum hatte sich Sissoj umgedreht, da schleppten die Diebe den Stein herbei, und Sissoj blieb mit dem Toten allein. Er überlegte lange, was er tun sollte, da kam ihm ein Einfall: er nahm den Toten, hielt ihn mit den Armen aufrecht und stellte sich so hinter die Tür.

Am Morgen, als es tagte, kam die Hausherrin und murmelte ein Gebet: «Herr Jesus...»

Sissoj aber war schon zur Stelle und warf den Toten auf das Weib.

«Keinen Schritt!» Und lief auf und davon in den Wald.

Das Weib aber fiel vor Schreck um und war tot.

3

Den ganzen Tag verbrachte Sissoj im Wald, als es aber dunkel wurde, wagte er sich ins Freie und erblickte ein Feuer auf dem Feld. Er eilte zum Feuer, dort aber saßen die Diebe, sie tranken und zechten.

Einer von den Dieben, welcher gerade Holz suchte, schrie: «He, Burschen, da kommt schon wieder der Unsrige!»

Und die Diebe ergriffen Sissoj und hielten ihn fest. Und sie tranken und zechten. Ihr Faß aber war leer. Da packten sie Sissoj und steckten ihn ins Branntweinfaß. Als sie alle Vorräte aufgebraucht hatten, löschten sie das Feuer und zogen ihres Wegs.

Sissoj aber litt große Angst, als er in seinem Faß saß – halbtot war er schon, sein Kopf aber würde vom Branntweindunst gleich zerbröckeln wie eine gekochte Kartoffel.

Da kam ein Wolf zum Faß, um die herumliegenden Knochen abzunagen. Sissoj jedoch war findig und bohrte ein Loch ins Faß. Und als er das Loch gebohrt hatte, packte er den Wolf am Schwanz.

Der Wolf aber rannte vor Schreck zu einer Birke. Und er schmetterte das Faß so kräftig gegen den Baum – daß es in hundert Teile barst.

Sissoj aber blieb liegen, und er liegt noch heute so – das schleckt keiner weg!

1908

Räuber

1

Es war einmal ein stiller und arbeitsamer Mann. Seine Hütte stand in der Einöde, und im Umkreis von vielen Werst wohnte kein Mensch. Nikita hatte zwei Söhne – der eine lag in der Wiege, der andre zählte ein Jahr – und eine Tochter, ein dreijähriges Mädchen.

Eines Abends, als Nikita gegessen und sich schlafen gelegt hatte, sprach er zu seiner Frau: «Morgen werde ich sterben, Agrafena, bette mich unter die Ikone und räuchere mit Weihrauch drei Tage lang.»

Nikita schlief gut, klagte über nichts, am Morgen aber, als sie nach ihm sahen, war er fast kalt – tot war er.

Agrafena legte ihn auf eine Bank, unter die Ikone, und fing zu räuchern an. Zwei Tage räucherte sie, am dritten aber vergaß sie es: sie hatte so viel zu tun mit den Kindern, da durfte man nicht nur nichts vergessen – nachdenken mußte man, auch der Vogel denkt nach.

Das Mädchen aber ging durch die Hütte und sprach zur Mutter: «Mütterchen, der Vater ist wieder lebendig geworden, er sitzt.»

«Was redest du da, Dummerchen! Gestorben ist er.»

Und sie eilte selber in der Stube – dort sitzt Nikita auf der Bank und schleift die Zähne mit dem Schleifstein. Agrafena packte das Mädchen – und schnurstracks auf den Ofen, dort bekreuzigte sie sich.

So saßen sie auf dem Ofen, mäuschenstill.

Als Nikita die Zähne geschliffen, stand er auf

und ging geradewegs zur Wiege. Er packte den Säugling – und aß ihn auf. Dann ergriff er den andern Jungen, der auf dem Boden herumkroch, und verzehrte auch diesen. Zuletzt riß er die Windeln aus der Wiege – und aß sie auf. Dann begann er, den Ofen zu benagen.

«O Gott!» flehte Agrafena zu den Heiligen, «sende uns einen Getauften zu Hilfe, errette uns!»

Da ging die Tür auf, und der heilige Jegorij trat ein. Er erhob seinen Speer und schlug mit dem Speer auf das Haupt des Toten.

«Daß du durch die Erde in die ewige Hölle versinkst, Verfluchter!»

Der Tote ging in die Knie, knirschte mit den Zähnen und stürzte in die Tiefe. Der heilige Hirte aber verließ die Hütte.

Agrafena dachte, es wäre ein gewöhnlicher Sterblicher gewesen, und rief ihn laut herbei. Er aber gab keine Antwort. Und Angst befiel sie: wenn Nikita wiederkommt, frißt er sie auf!

Da kletterte Agrafena vom Ofen und lief mit dem Mädchen davon. Sie lief bis zur Wegkreuzung, dort ruhte sie sich aus. Sie gingen durch den Wald.

2

Lange gingen sie durch den Wald, da sahen sie: ein Alter und eine Alte kommen des Weges, verneigen sich tief.

«Speist bei uns zu Mittag», sagten sie.

Agrafena wich zurück; die Angst saß ihr zuvorderst. Hinterher willigte sie ein – der Hunger ist niemandes Freund, und die Alten waren gar nett.

Die alten Leutchen führten sie in ihr Haus. Das Haus steht auf Säulen, groß ist es, ja gewaltig. Man setzte sie an den Tisch, brachte Kohlsuppe, Weißbrot und Rindfleisch.

Da sieht Agrafena: gekochte Menschenhände und -beine sind in der Schüssel – und sie nahm keinen Bissen. Sie denkt nur: «Zu Räubern hat's uns verschlagen!» Das Mädchen aber ißt – sein Hunger ist groß.

«Nun ruht euch von der langen Wanderung aus», sagten die Alten, «hier wird euch warm sein!» Und sie schlossen die Stube ab.

Agrafena legte das Mädchen schlafen, sie selbst aber tat kein Auge zu und horchte gespannt. Das Mädchen streckte sich aus und fiel in sanften Schlaf.

Es wurde Abend. Und viel Volk kam angefahren – Lärm, Gepolter, Hasten und Gerede – vierzig Diebe, vierzig Räuber, vierzig Wegelagerer.

Der eine rühmt sich, daß er soundso viele umgebracht, der andre rühmt sich, daß er soundso viele beraubt hat – alle prahlen, alle haben etwas auf dem Kerbholz.

«Wir aber sind nirgends hingegangen, nirgends hingefahren; zwei Birkhühner sind von allein zu uns geflogen!» sagten die Alten und lachten und kicherten.

Wie die Räuber das hörten, sprangen sie auf: alle gelüstete es, die Birkhühner zu sehen.

Da platzten die Alten in die Stube, betasteten das Mädchen, ergriffen es und zerrten es in die Küche, dort lullten sie es ein.

In der Küche aber brennt schon der Ofen, und der Kessel brodelt. Und sie warfen das Mädchen in den Kessel. Das Mädchen heulte entsetzlich, schrie noch ein wenig, dann war es tot. Die Alten tischten es auf – und das Nachtmahl begann. Sie aßen und tranken und lobten das Mahl. Und als sie sich den Bauch vollgeschlagen hatten, gingen sie zu Bett.

Kaum waren sie im Bett und schnarchte das ganze Haus, erhob sich Agrafena. Sie ergriff den eisernen Fensterrahmen, brach ihn heraus, sprang ins Freie und lief ohne Besinnung davon.

3

Gegen Morgen kam Agrafena in die Stadt und meldete alles dem Polizeiwächter. Der Polizeiwächter setzte Agrafena in eine Droschke und fuhr sie zur Hauptwache, dort übergab er sie dem Hauptpolizeiwächter. Und Agrafena erzählte alles von vorn.

«Stimmt, was du sagst?» fragte zweifelnd der Vorgesetzte. «Heutzutage wird streng verfahren: ohne viel Aufhebens rollen wir ein Pulverfaß zum Haus der Räuber, zünden es an, und das Haus wird bei Feuer und Rauch in fünf Teile zerbersten, nicht einmal Asche wird übrigbleiben.»

Und der Hauptpolizeiwächter entließ Agrafena, sie möge in Frieden ihres Weges gehen. Alle Polizeiwächter aber, soviel ihrer an allen fünf Enden aufzutreiben waren, rüsteten sich und sprengten ungesäumt zu dem Ort, wo die beiden Alten lebten.

Sie pirschten sich an das Haus der Räuber heran. Rollten das Faß herbei. Und schon zückten sie das Streichholz, um das Pulver anzuzünden, da streuten die Räuber Gold aus den Fenstern. Mit einem Goldregen bedeckten sie alles ringsum.

Und die Polizeiwächter kehrten in die Stadt und an alle fünf Enden zurück, ohne die Räuber kehrten sie heim. Von den Räubern aber blieb keinerlei Spur. Wo sollte man ihre Spuren auch suchen unter so viel Gold! – da ist alles rein.

1909

Gauner

1

Der Dieb Wasska schlenderte durch Petersburg. Es war ihm vorbestimmt und von Gott befohlen, ein Dieb zu werden. Schon als Kind hatte er begonnen, und da ihm das Diebeshandwerk gut von der Hand ging, übte er sich darin und erprobte alles: mal machte er einen Laden ausfindig, mal räumte er ein Geschäft aus, und jedes Kapital war ihm recht.

Wasska Nemenjajew war von allen Spitzeln geachtet.

Da geht nun Wasska auf der Milionnaja* und sieht: ein Leichenzug, hinter dem Sarg aber zehn Burschen, die schlagen mit Knüppeln auf den Toten ein.

«Was soll das? Was schlagt ihr ihn?» sagte Wasska einhaltgebietend.

«Er ist vielen was schuldig, drum geleiten ihn alle», gaben sie zur Antwort.

«Laßt ab, schont den Toten», sagte Wasska, «ich will für ihn zahlen.»

Sie hörten ihn an, ließen die Knüppel fahren und folgten ihm nach.

Und Wasska gab einem jeden, was ihm zustand – und das Volk war seiner zufrieden.

2

Da sitzt Wasska eines Tages zu Haus an der Fontanka*, bechert Branntwein und bemerkt nicht, wie er einen Viertel ausgetrunken hat – mit keiner Wimper zuckt er: so stark ist Wasska. Da meldet die Wirtin Besuch an: ein Unbekannter will wissen, ob er den Dieb sehen könne.

Und Wasska ließ den Gast hereinbitten.

Der Gast aber blieb auf der Schwelle stehen, und steht so, der Pockennarbige, zittert vor Kälte in seinem abgetragenen grauen Kittelchen und will nicht Platz nehmen.

«Kann ich hier wohl übernachten», fragte er, «ich habe kein Nachtlager.»

«Wer bist du, von wo kommst du?» erkundigte sich Wasska.

«Ich bin Wanka, ein Dieb vom Lande; auf dem Lande gibt's nichts zu holen, und so bin ich denn nach Petersburg gekommen, wo's Geld gibt.»

«Ich aber bin der Stadtdieb Wasska Nemenjajew.»

Nun, ein Dieb will dem andern nichts Böses, und so vertrauten sie sich einander an, hoben ein Glas und berieten heimlich, wo sie ihre Diebestat vollführen könnten.

«Was ist dir hier bekannt?» fragte Wanka, der Dieb vom Lande, seinen Freund Wasska.

Und schon ist Wasska am Erzählen: dieser Kaufmann hat viel Geld, und jener noch mehr, und an einem dritten Ort ist noch mehr zu holen, und an einem vierten so viel, daß man's nicht mehr zählen kann; und er ging der Reihe nach alle Kaufleute von allen Straßen durch, von der Sennaja und vom Gostinnyj, von der Apraksin-Gasse und von der Alexander-Straße.

«Was sollen wir die Kaufleute behelligen», meinte Wanka, «laß uns lieber in die Bank des Zaren gehen, dort holen wir Geld, soviel wir wollen.»

Nun gut. Die Diebe erhoben sich in aller Herrgottsfrühe, mieteten einen Finnenwagen und fuhren los, fürs erste, um ihren Rausch loszuwerden. Sie fuhren auf der Poststraße und spähten nach einem günstigen Ort, wo sie anhalten könnten. Hinter den Seen spannten sie die Pferde aus, setzten sich unter eine Tanne, entfachten ein Feuer und nahmen einen Imbiß; so saßen sie denn und berieten sich über ihr Vorhaben. Da kreischte auf der Tanne über ihnen ein Vogel – es war ein *Papageienvogel*. Wasska nahm rasch seinen Pfeil und Bogen: spannte den straffen Bogen, legte den gehärteten Pfeil an und schoß ihn auf den Vogel ab. Der Vogel aber fiel nicht vom Baum, sondern ließ *eiserne Schlüssel* fallen.

«Die Schlüssel kommen uns gerade gelegen», meinte Wanka, als er die Schlüssel auffing, «dich aber brauchen wir nicht, flieg, wohin du willst!»

Am Abend kehrten die Diebe mit ihrem Fund zur Fontanka zurück, aßen und machten sich an die Arbeit.

3

Um Mitternacht kamen sie zur Bank des Zaren: an der Pforte hält ein starker Wächter Wache.

«Kann man die Pforte nicht öffnen?» fragte Wanka und trat zum Wächter.

Die Wache bestand aus rund zwanzig Mann, und hundert Rubel verlangte ein jeder. Wanka verteilte das Geld. Die Wächter öffneten die Pforte, ließen die Diebe in den Hof und schlossen die Pforte hinter ihnen ab.

Nun gut. Die Diebe umschritten die Bank, warfen einen Ball auf das Dach – und aus dem Ball wurde eine Gummileiter. Sie stiegen die Leiter hoch, Wanka nahm den *Kreidestein*, zeichnete einen Kreis auf das Dach – und es entstand eine Öffnung.

«Halt das Seil fest, ich laß mich hinunter», sagte Wanka zum Freund und kletterte in die Bank.

In der Bank aber zögerte er nicht lange, öffnete mit dem *Papageienschlüssel* den Geldschrank, raffte soviel Geld zusammen, wie er nur konnte, und stieg wieder aufs Dach. Dann löschte er den Kreidekreis – und die Öffnung verschwand. Und sie stiegen hinunter.

Als die Diebe unten angekommen waren, verwandelten sie die Leiter in einen Ball zurück und eilten zum Tor. Die Wächter ließen sie durch. Und sie gingen nach Hause zur Fontanka, um das Geld zu verteilen.

Wasska sprach: «In Petersburg bin ich der erste Dieb, und alle Spitzel achten mich, aber dieses Stück hätte ich mit meinen Verstand nicht fertiggebracht.»

«Laß uns morgen nochmals hingehen, der Zar läßt die Bank auffüllen», sagte Wanka.

Und wieder rüsteten sich die Diebe zur Arbeit. Und wieder kamen sie um Mitternacht zur Bank des Zaren. Die Wache aber war eine andere, der Zar hatte sie ausgewechselt – klug war sie und gab nicht nach.

«Wir lassen euch nur ein», sagten sie, «wenn ihr uns zweihundert Rubel zahlt.»

Wanka verteilte das Geld. Die Wächter öffneten die Pforte, ließen die Diebe in den Hof und schlossen die Pforte hinter ihnen ab.

Nun gut. Die Diebe umschritten die Bank, warfen einen Ball auf das Dach – und aus dem Ball wurde eine Gummileiter. Sie stiegen die Leiter hoch, Wanka zeichnete mit Kreide einen Kreis auf das Dach – und es entstand eine Öffnung.

«Gestern war ich an der Reihe, heute du», sagte Wanka und ließ den Freund am Seil in die Bank hinunter.

Dort aber war man diesmal gewappnet, schon harrte ein Bottich mit Pech.

Wanka lockerte das Seil, und Wasska fiel just in das Pech. Da sitzt er bis zum Hals im Pech und kann nicht heraus.

Als Wanka sah, daß die Sache schlecht stand, befestigte er das Seil und stieg selbst hinunter. Er versuchte alles, drehte und wendete den Freund nach allen Seiten – doch kriegte er Wasska nicht frei. Da hieb er ihm den Kopf ab und kletterte mit dem Kopf aufs Dach zurück. Er löschte den Kreidekreis, stemmte die Leiter auf den Boden und stieg hinunter.

Die Wache öffnete das Tor, Wanka trat auf die Straße hinaus und ging schnurstracks zur Fontanka, wo Wasskas Wirtin wohnte.

Marucha hatte sich herausgeputzt.

«Wo», sprach sie, «wo ist mein Dieb, Wasska Nemenjajew?»

«Sein Kopf ist hier, er selbst aber weg und verschwunden!» gab Wanka zur Antwort.

Und er borgte sich bei Marucha ein Glas mit Konfitüre, preßte Wasskas Kopf mitten hinein, verschnürte das Glas und stellte es zur Aufbewahrung in die Ecke unter die Ikone. Sodann begann er all der Dinge zu harren, die da kommen sollten.

In der Bank des Zaren herrschte zu dieser Zeit große Aufregung: der Zar hatte sich aufgemacht, die Bank zu untersuchen, da sieht er: im Pechbottich neben dem Geldschrank ragt ein Rumpf aus dem Pech, daran Uhr und Uhrkette hängen.

Der Zar wurde nachdenklich: «Was mag das für ein Dieb sein – ein Rumpf allein, mit Uhr und Uhrkette?»

Und der Zar rief einen alten Dieb zu sich – im Petersburger Kerker saß er, der alte Dieb Samowarow.

Man führte Samowarow aus dem Kerker vor den Zaren. Der Zar aber sprach zu Samowarow: «Nun, mein alter, erfahrener Dieb, kannst du mir sagen, wer die Bank geplündert hat?»

«Kein gewöhnlicher Dieb war's», gab der Alte zur Antwort, «es war ein Dieb vom Lande. Der städtische Dieb ist töricht, so ist er denn ins Pech gefallen – hier ist sein Rumpf.»

«Wie aber kann man den Dieb vom Lande ausfindig machen?» fragte der Zar.

«Der Dieb vom Lande ist in Petersburg», belehrte ihn der alte Dieb Samowarow; «hat er das Geld gestohlen, so hat er auch den Kopf geraubt, hat er den Kopf geraubt, so wird er auch den Rumpf rauben. Stell den Pechbottich auf einem öffentlichen Platz auf und befiehl zwölf Generälen, den Rumpf zu bewachen und den Dieb vom Lande einzufangen.»

4

Wie der alte Dieb geheißen, so tat der Zar.

Man überführte den Rumpf auf einen Platz und beorderte zwölf Generäle, Wache zu stehen und den Dieb vom Lande einzufangen.

Drei Tage stand der Bottich auf dem Suworow-Platz – im Bottich steckte der Rumpf mit Uhr und Uhrkette, um den Bottich aber kreisten die Generäle und bewachten den Rumpf.

Drei Tage trieb sich Wanka auf dem Suworow-Platz herum, doch konnte er sich nicht nähern.

Am vierten Tag kam ihm ein Einfall: Wanka kaufte ein Faß Branntwein und sprengte schnurstracks zum Platz. Er fuhr nah an den Rumpf heran und stieß das Faß hinunter, wie aus Versehen.

Der Branntwein floß aus, und Wanka brüllte: «Helft, Genossen, das Faß aufzuheben, schade um den Schnaps!»

Schade war's um den Branntwein – die Generäle halfen das Faß aufzurichten, strengten sich alle gewaltig an und stemmten es mit Gottes Hilfe auf den Wagen. Müde waren sie vor Anstrengung.

Wanka wollte sich dafür erkenntlich zeigen; er schenkte Branntwein aus und bewirtete die Generäle.

Erst sträubten sich die Generäle, dann willigten sie ein, um Kräfte zu sammeln und den Mann nicht zu kränken. Sie tranken ein Glas – da trübten sich ihre Sinne, und sie verlangten ein zweites. Wanka reichte ihnen ein zweites – da verwirrten sich ihre Sinne, und sie verlangten ein drittes. Nach dem dritten begannen sie mehrstimmig zu singen – jaja!

Wanka aber stellte rasch das Faß auf den Boden, hob den Bottich mit dem Rumpf auf den Wagen, und weg war er.

Sein Freund Wasska aber war vom Pech schon ganz überzogen, sein Rumpf, an dem nur die Uhr und die Uhrkette hingen, war naß und nicht zu erkennen – ein Klumpen Mulm.

Wanka fuhr zur Fontanka, nahm den Rumpf, als wär's der Körper eines geschlachteten Tiers, zog mit der Kreide einen Kreis um den Hals, holte aus dem Konfitürenglas den Kopf hervor und fügte den Kopf mit dem Rumpf fest zusammen.

Und der Kopf wuchs an wie zuvor.

Darauf nahm Wanka die *Papageienschlüssel* und führte sie an Wasskas Lippen.

Und Wasska tat den Mund auf.

«Nun», sagte er, «fast wäre ich erstickt, schmerzlich und süß.»

Vor Freude verbreitete sich Wanka über dieses und jenes, wie Wasska im Pech saß, wie er auf dem Suworow-Platz drei Tage mit seinem kopflosen Rumpf das Volk schreckte und wie sein Kopf wieder anwuchs. Nach den vielen Worten hoben sie ein Glas.

Wasska lechzte danach.

Nachdem sie getrunken, schliefen sie ein. Ihr Schnarchen erfüllte die ganze Fontanka.

Auf dem Platz aber herrschte zu dieser Zeit große Aufregung: der Zar war gekommen, nach der Wache zu sehen – da liegen die Generäle rund um das Faß, stockbesoffen sind sie, der Bottich mit dem Rumpf aber ist weg.

Der Zar geriet außer sich vor Wut: «Wo ist der Rumpf hingekommen?» fragte er. «Wozu seid ihr bestellt: ein Branntweinfaß zu hüten? Wo ist der Rumpf? Her damit!»

Da sprangen die Generäle auf. Ihre Beine aber waren schwach. Und die Generäle fielen dem Zaren zu Füßen.

«Nicht der Branntwein ist schuld – die Betrunkenheit. Verfahre mit uns, wie du willst, der Rumpf aber ist hir , entführt hat ihn einer, doch wer – das wissen wir nicht!»

Da befahl der Zar, die Generäle hart zu bestrafen. Und wieder ließ er aus dem Kerker den alten Dieb Samowarow rufen.

Und man führte Samowarow aus dem Kerker zum Zaren, vor den Zaren stellte man ihn.

«Nun, Alter», sprach der Zar, «was meinst du, wie sollen wir des Diebes habhaft werden: der Dieb fuhr zum Platz, nahm den Bottich mit dem Rumpf und machte sich aus dem Staube.»

«Tu folgendes», belehrte ihn der alte Dieb Samowarow, «schmücke deinen königlichen Ziegenbock mit einem Brokatgewand und sende deine treuesten Leibwächter aus, daß sie den Ziegenbock an einer Silberkette durch Petersburg führen: ist der Dieb in der Stadt, wird er den Ziegenbock todsicher plündern.»

5

Wie der alte Dieb geheißen, so tat der Zar.

Man schmückte den königlichen Ziegenbock mit einem Brokatgewand, und die Leibwächter des Zaren führten ihn an einer Silberkette durch Petersburg.

Nun gut. Man führte den Ziegenbock dem Newskij entlang, da kam der Dieb Wanka des Weges und grüßte: «Geruht zu mir an die Fontanka zu kommen», sprach er, «meine Frau Marucha hat heute Namenstag, und es wäre ihr eine Freude, den Ziegenbock des Zaren zu sehen; ein dummes Weib ist sie, doch macht sie glücklich, tut ihr den Gefallen!»

«Ist das vielleicht der Dieb vom Lande?» dachten die Leibwächter und trieben den Ziegenbock zur Fontanka und gingen mit dem Bock zu Wanka, als würden sie auf Besuch gehen.

Wanka aber sprach: «Was quält ihr das arme Tier umsonst, bringt es in die Scheune, in unserm Hof gibt's eine warme Scheune.»

Die Leibwächter sträubten sich: sie wollten den Ziegenbock nicht aus der Hand geben. Dann überlegten sie sich's anders: «In der Tat, was soll man das arme Tier umsonst quälen, dem Ziegenbock wird's nicht schaden, der Dieb aber entkommt nie und nimmer, man muß mit dem Tier Mitleid haben!»

Und die Leibwächter brachten den Ziegenbock in die Scheune, die Scheune schlossen sie ab, den Schlüssel aber hängten sie an die Epaulette des Obersten Leibwächters.

Nun begann Wanka seine Gäste zu bewirten: wartete mit Geschenken und Branntwein auf und schmeichelte mit vielerlei Worten. Und als er sie erweicht hatte, überließ er sie dem Wasska – sollen sie Witze reißen –, er selbst aber tat so, als ob er in die Vorratskammer ginge, Zigaretten zu holen.

Und während sein Freund mit den Leibwächtern Witze riß, eilte Wanka in die Scheune, öffnete die warme Scheune mit dem *Papageienschlüssel,* plünderte den Ziegenbock bis auf die Haut, drehte ihm den Hals um und machte sich in der Küche zu schaffen. Und er trug seinen Gästen Ziegenbraten auf vom königlichen Ziegenbock, und Konfitüre dazu.

«Laßt euch dies Ziegenfleisch munden, liebe Gäste, es ist ganz frisch!»

Und so aßen die Gäste Ziegenbraten vom königlichen Ziegenbock und Konfitüre dazu, und sie lobten das Mahl und dachten bei sich: «Diesmal entkommt er uns nie und nimmer, dieser

Dieb vom Lande, endlich hätten wir das Früchtchen gefaßt!»

Und vor lauter Freude griffen sie tüchtig zu und prahlten groß: wer sie seien und welches ihre Verdienste.

Nun gut. Es kam die Stunde, da sie Abschied nehmen und sich trennen mußten; den Ziegenbock erwähnten sie mit keinem Wort, aber wie sie hinauskamen, schrieben sie mit Kreide auf Wankas Tor:

«Hier haben wir gesessen und Ziegenbraten gegessen.»

Wanka wartete ein Weilchen, dann folgte er ihren Spuren, löschte die Inschrift auf dem Tor und schrieb kreuz und quer an zehn verschiedenen Orten:

«Hier haben wir gesessen und Ziegenbraten gegessen.»

Im königlichen Schloß aber herrschte zu dieser Zeit große Aufregung: die Leibwächter erschienen vor dem Zaren – doch waren sie allein, und der Ziegenbock fehlte.

Die Leibwächter aber sprachen: «Wir haben den Dieb gefangen!» Und sie rühmten sich darob groß.

Der Zar bestieg gleich eine Kutsche und fuhr zur Fontanka. Da fährt der Zar der Fontanka entlang, schaut hierhin, schaut dorthin – auf dem einen Haus ist eine Aufschrift, auf dem andern, auf dem dritten und auf dem zehnten, und überall steht dasselbe mit Kreide geschrieben:

«Hier haben wir gesessen und Ziegenbraten gegessen.»

Da wendete der Zar seine Kutsche und meinte abwinkend: «Einundderselbe Ziegenbraten!»

Und während sich im Zarenschloß eine neue Wache rüstete, um den Dieb vom Lande einzufangen, blieben Wanka und Wasska nicht langer an der Fontanka, wo sie allen nur ein Dorn im Aug – sie mieteten einen Finnenwagen, luden Gold und Silber auf und nahmen Abschied von Petersburg.

6

An einem lichten, hellen Tag erreichten die Diebe das Meer. Sie verkauften Pferd und Wagen und kauften sich ein Schiff und fuhren still und sanft in ferne Länder.

So gelangten die Diebe zum fremden König Molokita*. Molokita aber hatte eine Tochter, die schöne Tschajna*. Wasska verliebte sich in die Königstochter Tschajna. Und er sandte Brautwerber zum König.

Die schöne Tschajna fand Gefallen an Wasska, der fremde König Molokita aber wollte sein Jawort nicht geben.

«Baust du», sprach er, «im Lauf von drei Tagen und Nächten eine russische Kirche, so will ich dir Tschajna überlassen, wenn nicht, kostet's dich den Kopf.»

Wasska aber war frohen Muts: Wanka würde ihm helfen, Wanka ist geübt, Wanka – stammt vom Lande.

Und Wasska ging ans Werk: in drei Tagen und Nächten wird er eine russische Kirche bauen. Wanka baut einen Tag – und schon ist er über den Fenstern, einen zweiten – schon ist er beim First, am dritten Tag aber deckten sie das Dach.

«Nehmt sie in Euren Besitz, die Kirche ist fertig», sagte Wasska zum fremden König Molokita.

Fürwahr – der König sah, daß die Kirche vollendet war, und er hielt sein Wort und gab der schönen Tschajna seinen Segen.

Und als die Kirche geweiht wurde, da ward auch Wasska mit der Königstochter getraut.

Und König Molokita ließ zwölf Schiffe mit Geschenken beladen und entsandte sie ins Meer.

Sie hatten guten Fahrtwind und günstiges Wetter. Heil und unversehrt kamen sie in Petersburg an. Eine ganze Woche luden sie die Schiffe aus, eine ganze Woche hielten sie ein Festmahl.

Nach dem Festmahl nahm der Dieb Wanka Abschied von seinem Freund, und während des Abschieds eröffnete er ihm sein Geheimnis: er sei jener Tote, den man auf der Milionnaja im Sarg mit Knüppeln geschlagen – er selbst, der Dieb Wanka.

«Mitleid hast du mit mir gehabt, Wasska, und mich losgekauft, und so hab ich dir in Treu und Glauben gedient!» sagte der Dieb Wanka und zog seines Wegs; nichts nahm er mit, nur den *Papageienschlüssel* und den *Kreidestein,* alles übrige hinterließ er dem Freund.

So blieb Wasska Nemenjajew ohne Freund zurück, mit seiner jungen Frau blieb er, und sie lebten glücklich und zufrieden und in Eintracht.

1909

Hundeschweif

1

Es war einmal ein Dorf, weder klein noch groß – aus vier Höfen bestand es. In drei Gehöften lebten Bauern mit Kindern, Frau und Vieh, im vierten aber lebte ein Junggeselle – der arme Bauer Sot.

Der arme Bauer Sot hatte ein Pferd, eine Kuh und einen Hund. Er war ein kränklicher Kerl und unansehnlich, doch hatte er's an sich. Waren die Ehemänner fort, suchte er ihre Frauen auf und stellte sie zufrieden, so daß die Weiber sich die Köpfe wund schlugen wegen ihm.

Das bemerkten die Männer, und sie grollten ihm sehr.

«Wie lebst du eigentlich, du armer Tropf!... Wir werken und schuften, du aber rührst keinen Finger und bist wohlauf?»

«Was schaut ihr mich so an: ich verstehe eben zu reden!»

Fürwahr, Gott hatte den armen Bauern mit Worten gesegnet: ein solcher Schwätzer war nicht einmal in Moskau aufzutreiben – sogar das unverständige Vieh spitzte die Ohren, wenn Sot vorbeiging und die Zunge wetzte.

Die Bauern berieten sich und töteten Sots Stute.

So hatte Sot niemand, der ihm das Brennholz fuhr.

«Wie lebst du nur», fragten sie, «du hast ja kein Pferd?»

«Was schaut ihr mich so an: ich verstehe eben zu reden!»

Am Morgen tritt Sot auf die Vortreppe, als wollte er frische Luft schöpfen, da schleppen die

Weiber auch schon ganze Armvoll Brennholz herbei. Und er heizt.

Die Bauern berieten sich abermals und töteten Sots Kuh.

Aber was soll dem Sot seine Kuh? Bleibt ihm nur, gleich dem Tier, der Schwanz heil – Milch und Butter, alles wird ihm von den Weibern zuteil.

«Wie lebst du nur, du armer Tropf, hast keine Stute, keine Kuh?»

«Was schaut ihr mich so an: ich verstehe eben zu reden!»

Da berieten sich die Bauern ein drittes Mal und töteten Sots Hund.

Jetzt zeig mal, was du mit Worten ausrichten kannst! Ein Haus ohne Hund gleicht einer Tür ohne Schloß – freier Zutritt für Diebe: nur hereinspaziert!

Sot aber war nicht auf den Kopf gefallen – er machte sich hinter die Häute. Er trocknete sie, gerbte sie und nähte sich ein Oberkleid, das Fell nach außen: vorne Kuh- und hinten Stutenfell, dazu ein Hundeschweif.

Sot gewandete sich, setzte sich auf die Bank und überlegte. Dann ging er in die Stadt, Almosen zu erbitten.

2

Der Hundeschweif! Bald wurde Sot berühmt. Die Kinder nannten ihn so, und die Erwachsenen taten es ihnen nach, Sot aber hatte seine Art: fällt nichts für ihn ab, streckt er die Zunge heraus.

Sot hörte auf den Namen *Hundeschweif:* er fing keinen Streit an, solange sein Magen knurrte, und der Name gab keinen Anlaß dazu!

Eines Tages betrat Sot das Haus eines Kaufmanns – ein reicher Kaufmann war's, Generalow: er handelte mit Zucker. Der Kaufmann aber war nicht daheim – er war zu Einkäufen gefahren. Der Kaufmann hatte eine Frau, und diese hatte gerade ihren Freund bei sich.

Hundeschweif brachte sie nicht in Verlegenheit, Hundeschweif war selbst oft genug in einer solchen Lage gewesen, hatte gar manches erfahren, die Sache war ihm bekannt.

Da traf es sich, daß der Hausherr hereinplatzte. Der Freund der Hausherrin erschrak, lief hin und her wie eine Ratte, die man verbrüht.

«Wo soll ich hin?» stammelte der Freund.

«Geh in den Keller», sagte die geistesgegenwärtige Hausherrin.

Er aber wäre nicht nur in den Keller, selbst in eine Röhre oder einen Topf wäre er geschlüpft!

Hundeschweif hörte sich alles an und sprach: «Geht dieser in den Keller, so will auch ich gehen.»

«Was soll das», sagte die Hausherrin entrüstet, «bist du von Sinnen: wozu?»

«Sonst hinterbring ich's dem Hausherrn», setzte sich Hundeschweif zur Wehr.

Aber es blieb keine Zeit, Unsinn zu reden. Und so ließ die Hausherrin beide in den Keller.

Der Kaufmann Generalow aber war nicht allein aufgetaucht, er hatte Freunde mitgebracht, lauter reiche und angesehene Kaufleute. Das Haus war voller Gäste, ein Gelage begann.

Die Hausherrin holte Branntwein und tischte Vorspeisen auf. Und wie die Hausherrin in den Keller um Branntwein ging, füllte sie ein Netz für die Gäste, dem Freund aber steckte sie eine Flasche zu, besser als die andern.

Der Freund hatte keinen üblen Geschmack, er schenkte sich ein erstes Glas ein und trank es leer, schenkte sich ein zweites ein und leerte auch dieses.

Hundeschweif geduldete sich so lange, bis ihm der Speichel aus dem Munde lief.

«Was verhältst du dich so?» Und er packte den Freund am Rockschoß.

«Was willst du?»

«So geht es nicht.»

«Na und?» Und er trank weiter, wie wenn nichts wäre.

«Ein Gläschen trinkt man selbst, das andere reicht man dem Freund. Ich geh hinauf und sag es dem Hausherrn.»

Da bekam es der Freund mit der Angst zu tun. Und er tat alles, was Hundeschweif verlangte: ein Gläschen trinkt er selbst, das andre reicht er dem Freund.

So leerten sie eine Flasche, und die Hausherrin steckte ihnen eine zweite zu, nicht schlechter als die erste. Und sie tranken auch die zweite leer.

Im Hause aber herrschte Ausgelassenheit, und als die Gäste in Fahrt gekommen, begannen sie Lieder zu singen.

Hundeschweif hörte es und tat desgleichen – er stimmte im Keller ein Lied an.

«Was tust du da, du Dummkopf», sagte der Freund einhaltgebietend, «warum singst du?»

«Wir zwei, trinken wir denn keinen Branntwein? Und wenn *die* singen, warum sollten nicht auch wir es tun?»

«Hör auf, sing nicht!» bat der Freund.

«Laß uns die Kleider tauschen, dann hör ich auf.»

Da bekam es der Freund mit der Angst zu tun und willigte ein.

Und sie tauschten ihre Kleider aus. Und wie sie so saßen, kam erneut die Hausherrin. Sot aber sprach zur Hausherrin: «Kann ich denn nicht heraus?»

«Aber gewiß, das Volk ist betrunken; gehst du an ihnen vorbei, sie bemerken es nicht.»

Und die Hausherrin ließ Sot frei.

Und Sot trat hinaus auf die Straße, ging auf und ab, sich Bewegung verschaffend, und kehrte sodann in das Haus des Kaufmanns zurück.

Er verneigte sich vor den Ikonen, wünschte ein gutes Mahl und gute Unterhaltung – alles, wie sich's gehört.

«Festlich ist euer Mahl und die Unterhaltung gut, nur herrscht in diesem Hause Unheil.»

«Unheil?» fuhr der Hausherr auf. Und auch die Gäste kamen gekrochen, Näheres zu erfahren.

«In eurem Haus hat sich ein Geist eingenistet, einem Teufel sieht er gleich. Will man diesen Gast vertreiben, muß man's sofort tun, denn vertreibt man ihn nicht, wird man ihn nimmer los.»

«Und wer kann das tun?»

«Ich.»

«Verlangst du viel?»

«Vom Hausherrn hundert Rubel, von den Gästen, soviel ein jeder gibt. Und ich vertreibe dieses Wesen so, daß ihr mit euren eigenen Augen sehen könnt, wie es das Haus verläßt.»

Der Hausherr war einverstanden.

Die Gäste aber sprachen: «Wenn wir deinen Geist mit unsern eigenen Augen sehen können, bekommst du hundert Rubel von einem jeden von uns.»

«Jetzt aber gebt dem Geist den Weg frei», sprach Sot, «und daß keiner von euch den Geist mit seiner Hand oder seinem Fuß berühre, denn sonst wird man ihn für alle Ewigkeit nicht los.»

Und Sot begann das Haus zu durchstreifen, auf der Suche nach dem Teufel. Er suchte in der einen Vorratskammer, suchte in der andern, und so durchsuchte er alle Vorratskammern, doch konnte er nichts finden.

«Nun, mein Hausherr, ich kann den Geist in deinem Hause nicht finden! Hast du noch andre Vorratskammern?»

Der Hausherr überlegte.

«Vorratskammern hab ich keine mehr, nur einen Keller. Im Keller hast du noch nicht gesucht!» sagte der Hausherr.

«Was hast du mir nicht gleich davon erzählt? Dieser Geist lebt vornehmlich in Kellern.»

Und Sot stieg in den Keller und sprach zum Freund: «Freundchen, lauf schnurstracks nach Hause, bieg nirgends ab, und gedenke ewig des Hundeschweifs!»

Er selbst aber nahm einen Besen und lief mit dem Besen hinterher.

Als nun der Freund in Sots Oberkleid dahergerannt kam, geriet einer der Betrunkenen vor Schreck ins Taumeln und fiel hin, ein anderer aber, der bei klarem Verstand war, verlor denselben.

Und Sot trieb den Freund bis nach Hause. Und als jede Spur von ihm fehlte, kehrte Sot zum Kaufmann zurück.

Der Kaufmann jedoch bat ihn zu Tisch.

«Das Essen läuft nicht davon, laß uns zuerst abrechnen», sagte Sot.

«Du tapferer Mensch!» sagte der Hausherr voll Anerkennung. «Hundert Rubel hab ich dir versprochen, doch jetzt, da du dies Ungeheuer vertrieben, geb ich dir zweihundert.»

Auch die Gäste gaben zweihundert – wahrhaftig! Rubel für Rubel zählten sie die Summe ab.

Und Sot verstaute das Geld, kaufte sich eine Troika, mietete einen Kutscher, nahm Abschied und sprengte heim in sein Dorf.

3

Als Sot zu Hause angekommen war, eilten die Nachbarn herbei, um Sot anzusehen.

«Wie konntest du, armer Tropf, so rasch dich bereichern?»

«Ich hab euch doch gesagt, daß ich zu reden versteh! Ich hatte drei Häute: eine Stuten-, eine Kuh- und eine Hundehaut. Ich gerbte die Häute und nähte mir ein Oberkleid, das Fell nach außen: vorne Kuh- und hinten Stutenfell, dazu ein Hundeschweif – und dieses Oberkleid nahm ich mit in die Stadt. Und jetzt ist es schon zur Mode geworden, alle Welt trägt solche Oberkleider. So hab ich eine Menge Geld gescheffelt.»

Die Nachbarn merkten sich dies und huben an, ihr Vieh zu schlachten und aus den Fellen Oberkleider zu verfertigen. Und sie nähten viele Oberkleider und brachten die Fuhren in die Stadt.

Sie kamen in die Stadt und eilten schnurstracks zum Trödelmarkt, dort hängten sie die Felle auf und priesen sie an.

Das Volk aber fragte gelangweilt: «Was haltet ihr da feil, Christenleute?»

«Seid ihr blind», gaben die Bauern im Chor zurück, «seht ihr's nicht? Ein Kleid!»

«Seid ihr von Sinnen, was für ein Dummkopf zieht schon einen Tierbalg an?!»

Diensthabende Polizisten machten ihre Runde.

«Was verkauft ihr da?»

«Kleider.»

«Was soll das nur? Wollt ihr vielleicht die Cholera verbreiten? Marsch aufs Polizeirevier!»

Und sie führten die Bauern aufs Polizeirevier, die Felle aber sammelten sie ein. Die Bauern wanden sich, wie sie nur konnten; mit Muh und Not gelang es ihnen, sich loszukaufen, und nicht einmal in die Kneipe kehrten sie ein, sie fuhren geradewegs nach Hause ins Dorf.

Und die Bauern kamen ins Dorf und fielen wie ein Mann über Sot her.

«Betrogen hast du uns, Verfluchter, hast behauptet, daß sich diese Kleider verkaufen... Verfluchter!»

«Ich hab euch doch gesagt, daß ich zu reden versteh! Ein einziges Oberkleid bot ich feil – die Mode stand danach, und man nahm es mir ab. Ihr aber habt die Ware in Fuhren angefahren – da wollte sie keiner.»

Die Bauern jedoch waren inzwischen völlig verarmt, und so gingen sie auf Arbeitssuche, verdingten sich.

Sot aber blieb im Dorf; Sot war Junggeselle, er verkehrte in allen Häusern, stellte jedermann zufrieden, fröhlich war er – der Hundeschweif.

1909

Der Dieb Barma

Es war einmal ein Alter mit seiner Frau. Der Alte fertigte Stiefel an, die Alte wusch Wäsche. Sie lebten gut und in Eintracht, nur Kinder hatten sie keine.

Traurig waren die Alten – was sollten sie tun? Bald würden sie sterben. Sie überlegten hin und her. Da hatten sie einen Einfall.

Sie nahmen ein ausgesetztes Kind bei sich auf, einen Jungen.

Der Junge wuchs heran, war flink und behend über alle Maßen. Jedermann staunte. Und ein Spaßvogel war er: schnitt Grimassen, gab Witze zum besten, daß alle sich kranklachten.

Den Jungen nannten sie Barma.

Nur einen Fehler hatte er – eine diebische Hand: er stahl vor aller Augen, und zwar so schnell, daß keiner auch nur den Mund verziehen konnte.

Der Alten kam Wäsche abhanden, dem Alten die Schere oder die Ahle – immer fehlte etwas.

Die Alten rieben sich auf.

Sie schlugen den Jungen, ermahnten ihn, doch alles umsonst: er besserte sich nicht.

Eines Abends saßen die Alten beisammen, ruhten sich von der Arbeit aus: die Alte flickte ein Hemd, der Alte strich sich den Bart, Barma aber lag zusammengerollt auf dem Ofen und pfiff vor sich hin.

Da trat ein Bursche ein, kräftig war er und sehr groß. Er bat um ein Nachtlager.

Die Alten nötigten ihn zum Sitzen und begannen den Gast auszufragen: «Wohin, junger Bursche, richtest du deine Schritte, und zu welchem Zweck?»

«Zum Zaren, ihn zu bestehlen», gab der Gast zur Antwort.

«Nanu, zum Zaren, ihn zu bestehlen?!»

«So ist's.»

Da ließ die Alte vor Schreck ihre Nadel fallen, und der Alte versank ins Grübeln.

Der Gast aber zwirbelte nur seinen Schnurrbart.

«Hör zu, lieber Mann», sagte der Alte, «bei uns lebt ein Junge, Barma gerufen; unsere Kräfte sind dahin, aufgerieben haben wir uns: es ist leichter, ein Festmahl zu geben, als Barma loszuwerden. Alles stiehlt er einem vor den Augen weg. Nimm ihn mit, befreie uns, und wir werden ewig bei Gott für dich beten!»

«Warum denn nicht, einverstanden.»

Und sie weckten Barma und rüsteten ihn aus. Barma versah sich mit Ahle und Schere, und los ging's – lebt wohl!

Sie durchquerten einen Wald. Der Bursche legte – grad als wär's ein Schritt – sieben Werst zurück. Aber Barma ließ sich nichts zuschulden kommen – schmal und behend, wie er war, rümpfte er nur die Nase.

Der Bursche erzählte von seinem Handwerk und allerlei diebischen Schlichen.

So zogen sie dahin.

Da sahen sie einen riesigen Baum, seine Spitze ragte geradewegs in den Himmel.

«Willst du, Barma», sagte der Bursche, «daß ich dir meine Künste vorführe, hernach zeigst du mir die deinen?»

«Ich will, Onkelchen!»

«Siehst du den Baum?»
«Ich seh ihn, Onkelchen!»
«Siehst du auch das Nest?»
«Ich seh's, Onkelchen!»
«Siehst du auch das Vöglein?»
«Ich seh's, Onkelchen!»
«Ich klettere nun auf diesen Baum und klaue dem Vöglein die Eier, ohne daß das Vöglein es bemerkt.»
Und der Bursche kletterte auf den Baum, Barma half ihm hinauf.
Doch es verging keine Minute, da war der Dieb wieder auf der Erde.
«Siehst du?» fragte der Bursche.
«Ich seh's, Onkelchen.»
«Was siehst du denn?»
«Die Eier, Onkelchen.»
Der Dieb stemmte die Arme in die Seiten: na, hab ich das fein gemacht!
«Onkelchen, seht Ihr Eure Stiefel?»
«Die Stiefel?! Die seh ich...»
«Und seht Ihr auch die Sohlen an den Stiefeln?»
Der Dieb hob seinen Fuß und warf einen flüchtigen Blick... Der Stiefel ist zwar da, die Sohle aber weggeschnitten.
«Als Ihr auf den Baum stiegt, Onkelchen, hab ich Euch die Sohle weggeschnitten.»
«Nun, aus dir wird was Rechtes», sagte der Dieb.
Und wieder machten sie sich auf den Weg.
«Wie gelangt man zum Zaren?» wollte Barma wissen.
«Ein Kinderspiel ist's», erklärte ihm der Dieb; «zuerst gehst du geradeaus, dann biegst du nach

links ab, und wieder nach links, und weiter in eine Nebengasse, dann stößt du genau auf den Gartenzaun des Zaren.»

Und wieder erzählte er von seinem Handwerk und allerlei diebischen Schlichen.

So durchquerten sie einen Wald und betraten den nächsten.

Der Dieb streifte seinen Überwurf ab und sprach zu Barma: «Steh Wache, ich mache ein Nickerchen», und streckte sich behaglich unter einem Baum aus.

«Zu Befehl, Onkelchen», und Barma trat die Wache an.

Aber kaum hatte der Dieb die Augen geschlossen, suchte Barma seine Taschen ab, nahm, was ihm nützlich schien, und weg war er.

So durchquerte Barma einen zweiten und noch einen dritten Wald, durchquerte eine Siedlung, ging an einer Kneipe vorbei und stieß geradewegs auf den Gartenzaun des Zaren.

Der Zaun aber war hoch und dicht, nicht einmal einen Finger konnte man zwischen die Latten stecken.

Da warf Barma sein Kleid ab und wand sich flink zwischen den Lattenpfählen hindurch und befand sich auf einmal mitten im Garten.

Der Zar aber weilte gerade im Garten, schritt über den Gartenpfad, einen Apfel essend.

Die Uniform des Zaren leuchtete wie Feuer, und die goldenen Hosen mit den Brillantenknöpfen funkelten prächtig.

«Wer bist du?» schrie der Zar.

«Euer Zarenhoheit alleruntertänigster Diener Barma.»

«Was suchst du hier, hm?»

«Ich will zu Eurer Hoheit, stehlen.»

«Ah, so einer bist du!» Und der Zar wollte Barma packen, doch hatte er noch keinen Schritt getan, als die goldenen Hosen – ratsch – zu Boden sanken.

Barma aber lief mit den Knöpfen auf und davon und war spurlos verschwunden: Brillantenknöpfe hatte der Tausendsassa geklaut.

So einer war Barma!

1905

Der Dieb Mamyka

1

Es waren einmal ein Alter und eine Alte, die hatten niemanden außer ihrem Enkel Mamyka. Mamyka war ein flinkes und behendes Bürschchen. Die Alten hatten ihren Enkel gar lieb.

Da erfuhr Mamyka, daß der Großvater Geld hortete – für Mamyka hob er es auf, sollte es ihm einmal schlechtgehen –, und Mamyka fing an, ihn mit Bitten zu belästigen.

«Gib mir das Geld, Großväterchen!»

«Und wozu brauchst du es, mein Lieber?»

«Gib mir das Geld, Großväterchen, ich will Handel treiben!»

Der Großvater überlegte hin und her – was für ein Handel mag das schon sein, wenn nur nichts schiefgeht! –, das Geld reute ihn, doch konnte er die Bitte nicht abschlagen.

Da mischte sich die Alte ein: «Was reut dich das Geld, gib es ihm, Gott wird ihm schon beistehen; er ist von unserm Fleisch und Blut, für uns aber ist es Zeit zu sterben.»

Der Großvater besann sich und gab dem Enkel das Geld.

Mamyka steckte das Geld des Großvaters ein, nahm Abschied und ging in die Stadt. Doch konnte er keine vernünftige Ware auftreiben, und so kaufte er zwei Paar Stiefel aus Ziegenleder. Mit den Stiefeln kehrte er zum Großvater zurück.

Unterwegs schleuderte Mamyka mit dem Fuß Steinchen in die Luft, sang Lieder, und als er müde war, setzte er sich in den Straßengraben, um auszuruhen.

Da sitzt Mamyka im Straßengraben und glotzt auf den Weg, auf dem Weg aber kommen die Diener des Zaren gegangen, treiben einen Stier vor sich her.

«Das wäre ein Stier für den Großvater, der Großvater hat kein Vieh!» fiel Mamyka ein.

Die Diener des Zaren aber waren schon außer Sicht, der Stier desgleichen. Da kletterte Mamyka aus dem Straßengraben, überholte sie von der Seite und warf einen Stiefel auf den Weg, er selbst aber versteckte sich und wartete ab.

Da erblickten die Diener des Zaren Mamykas Stiefel auf dem Weg.

«Sieh mal an, Genosse», sagte der eine, «da liegt ein Stiefel aus Ziegenleder auf dem Weg!»

«Was soll uns ein einzelner Stiefel!» sagte der andere.

Und sie gingen weiter, trieben den Stier in die Stadt.

Mamyka jedoch nahm den Stiefel, überholte die Diener von der Seite, warf den Stiefel abermals auf den Weg, versteckte sich und wartete wieder ab.

Da erblickten die Diener des Zaren Mamykas Stiefel auf dem Weg.

«Da liegt ja der zweite Stiefel», sagte der eine, «wir sollten auch den andern holen, dann hätten wir ein Paar.»

«Gehen wir zurück», sagte der andere, «lesen wir ihn auf, er hat sich wohl nicht davongemacht.»

Und die Diener des Zaren ließen den Stier stehen und gingen zurück, den ersten Stiefel zu suchen.

Mamyka überlegte nicht lange, packte den

Stier und trieb ihn auf einem andern Wege zum Großvater heim.

Die Diener des Zaren kamen an jenen Ort, wo der Stiefel gelegen, der Stiefel aber war weg. Sie suchten vergeblich und kehrten mit leeren Händen zum Stier zurück, doch auch der Stier war weg, nur ein einzelner Stiefel lag dort.

Was sollten sie mit einem einzelnen Stiefel?

«Wie können wir vor das Angesicht des Zaren treten: der Stier ist hin und der Stiefel paarlos?»

Da nahmen die Diener Mamykas Stiefel und kehrten ohne Stier, nur mit einem einzelnen Stiefel zum Zaren zurück.

«Nehmt diesen Stiefel», sprachen sie, «den Stier jedoch haben wir verloren. Ein Unbekannter hat ihn entführt.»

Der Zar probierte den Stiefel an – ein schöner Stiefel war's, er saß gut und drückte nicht –, aber mit einem einzelnen Stiefel kommt man nicht weit, und der Stier war hin.

Wie sie nach dem andern Stiefel suchten, erfuhren sie, daß der Stiefel Mamyka gehörte und daß Mamyka den Stier entführt hatte. Da sandte der Zar zum Großvater, der Alte möge erscheinen.

Der Alte kam und verneigte sich. «Seid gegrüßt, Väterchen Herrscher.»

«Hast du eine große Familie, Großväterchen?» fragte der Zar.

«Nur einen Enkel, Väterchen Herrscher, einen einzigen, Mamyka mit Namen.»

«Hat nicht dein Mamyka dem Zaren einen Stier geraubt?»

«Ich weiß nicht, Väterchen, ob er ihn geraubt

hat, doch hat er neulich einen Stier herbeigetrieben, er hatte kaum Platz im Hof.»

«Nun gut», sagte der Zar, «möge dein Mamyka dem Zaren ein Pferd stehlen; gelingt es ihm nicht, wird er bestraft!»

Der Großvater nahm Abschied vom Zaren, verneigte sich und ging nach Hause.

Wehmut und Trauer ergriffen den Alten: ist es denn einfach, dem Zaren ein Pferd zu stehlen!

Mamyka aber wartete schon und kam auf einem Bein herangehüpft.

«Töricht bist du», wehklagte der Großvater, «eine schöne Sache hast du da angerichtet!»

«Was ist denn, Großväterchen, was ist nur los?» beschwichtigte ihn das Bürschchen, der flinke Mamyka.

«Hör zu: der Zar hat befohlen, daß du sein Pferd stiehlst, sonst droht dir Strafe.»

«Bete zu Gott, Großväterchen, und leg dich schlafen, die Sache geht in Ordnung!» sagte lachend das Bürschchen, der behende Mamyka.

2

Der Großvater legte sich schlafen, Mamyka aber wartete die Nacht ab und machte sich in die Stadt auf und ging schnurstracks in den Zarenpalast.

Der Zar weilte nicht im Palast, er saß im Senat und erließ Gesetze.

Das kam Mamyka sehr gelegen – er drang in die Zarengemächer ein, kleidete sich in das Gewand des Zaren und eilte im Zarengewand vors Haus.

«He», rief er, «gebt mir mein Pferd, ich will in die Gärten ausreiten!»

Da wurden die Diener geschäftig, kamen angelaufen und führten rasch das Pferd herbei – schlaftrunken, wie sie waren, hielten sie Mamyka für den Zaren, gründlich gefehlt!

Mamyka aber schwang sich aufs Pferd und sprengte nach Hause zum Großvater.

Als Mamyka beim Großvater angelangt war, rief er dem Alten zu: «Mach das Tor auf, Großväterchen!» Und er lachte.

Der Alte stand auf, und wie er den Enkel erkannte, öffnete er frohgemut das Tor und ließ das Pferd herein.

«Ehre sei Gott, der Herr hat dich vor dem Unglück errettet!» sagte der Alte unter Tränen: er freute sich, daß der Enkel mit dem Pferd heimgekehrt war, daß der Enkel das Pferd des Zaren gestohlen hatte.

Als der Zar aus dem Senat kam, verlangte er nach seinem Pferd, um in die Gärten auszureiten – das Pferd aber war verschwunden und nicht wiederzufinden, ein Unbekannter hatte sich mit dem Pferd davongemacht.

«Das ist gewiß Mamyka, kein anderer als der Dieb Mamyka!» dachte der Zar.

Und am Morgen sandte der Zar nach dem Großvater, der Alte möge erscheinen.

Der Alte kam und verneigte sich.

Der Zar begrüßte den Großvater und sprach: «Hat nicht dein Mamyka, Großväterchen, das Pferd des Zaren gestohlen?»

«Ich weiß nicht, Väterchen, ob er es gestohlen hat, doch hat er ein Pferd herbeigetrieben, es hatte im Hause kaum Platz.»

«Nun gut», sagte der Zar, «so möge dein Mamyka denn das Unterbett des Zaren stehlen, und ich verzeih ihm, sonst aber wird er bestraft!»

Der Großvater nahm Abschied vom Zaren, verneigte sich und ging nach Hause.

Wehmut und Trauer ergriffen den Alten: ist es denn einfach, des Zaren Unterbett zu stehlen!

Mamyka aber wartete schon und kam auf einem Bein herangehüpft.

«Töricht bist du», wehklagte der Großvater, «eine schöne Sache hast du da angerichtet, dein Leben setzt du aufs Spiel!»

«Was ist denn, Großväterchen, was ist nur los?» beschwichtigte ihn das Bürschchen, der flinke Mamyka.

«Hör zu: der Zar hat befohlen, daß du sein Unterbett stiehlst, sonst nimmt die Sache ein schlimmes Ende.»

«Bete zu Gott, Großväterchen, und leg dich schlafen, die Sache geht in Ordnung!» sagte lachend das Bürschchen, der behende Mamyka.

3

Der Großvater legte sich schlafen, Mamyka aber wartete die Nacht ab und schleppte sich in die Stadt und ging schnurstracks auf den Friedhof. Dort suchte er ein frisches Grab, scharrte es auf, nahm den Toten heraus, spießte ihn auf einen Pfahl und trug ihn auf der Schulter zum Palast, geradewegs vor die Schlafgemächer des Zaren.

So stand Mamyka vor den Fenstern des Zaren und fuchtelte mit dem Toten.

Der Zar aber schlief nicht, er hatte sich nicht hingelegt, denn er harrte Mamykas: kommt der Dieb, das Unterbett des Zaren zu rauben, so wird er ihn fassen. Und als der Zar sah, wie eine menschenähnliche Gestalt das Fenster erklimmen will, nahm er rasch sein Gewehr, eilte zum Fenster und schoß.

«Jetzt hab ich den Mamyka ganz schön verwundet», sagte der Zar zur Zarin, «der Dieb steht so schnell nicht wieder auf, wir können getrost schlafen.»

Mamyka aber ließ den angeschossenen Toten liegen und stieg über Hintertreppen in die Zarengemächer, dann suchte er ein Gefäß mit weißem Mörtel und schlich sich damit heimlich zum Zaren und strich den weißen Mörtel behutsam zwischen den Zaren und die Zarin, schön in die Mitte, dann kauerte er sich in eine dunkle Ecke und wartete ab.

Der Zar schlief tief, und als er aus dem Schlaf erwachte, griff er mit der Hand fest in die Mörtelmasse.

«Ach, welch ein Elend, da hab ich mir alle Finger verschmiert!»

Und der Zar rief seine Diener, weckte alle Diener auf.

«Nehmt das Unterbett weg und bereitet ein neues!»

Darauf eilten die Diener herbei, stießen sich vor Eifer und sagten mit unterwürfig-sanfter Stimme: «Bitte sehr! Sofort! Sofort!»

Und schon war das frische Unterbett fertig, das befleckte aber trugen sie fort und bereiteten das Bett mit dem neuen. Und der Zar schlief ein.

Als der Zar eingeschlafen war, verließ Mamyka seine dunkle Ecke, nahm das befleckte Unterbett und eilte zum Fenster; er warf das Unterbett auf die Straße und sprang selber nach und lud es sich auf die Schultern und trug es nach Hause zum Großvater.

«Öffne das Tor, Großväterchen!» rief Mamyka und polterte ans Tor.

Der Alte stand auf, und wie er den Enkel erkannte, öffnete er frohgemut das Tor und ließ Mamyka mit dem Unterbett herein.

«Ehre sei dir, o Herr, du hast uns vor dem Unglück verschont!» sagte der Alte unter Tränen: er freute sich, daß der Enkel mit dem Unterbett heimgekehrt war, daß der Enkel das Unterbett des Zaren gestohlen hatte.

Als der Zar am Morgen erwachte, erkundigte er sich alsbald nach dem Unterbett: «Wo ist das befleckte Unterbett?»

Wo war das befleckte Unterbett? Man suchte überall, keiner wußte es, das Unterbett war verschwunden und nicht wiederzufinden.

Da schaute der Zar durchs Fenster und sah, daß auf der Straße unter dem Fenster ein Toter lag auf einem Pfahl; der Tote war angeschossen, Mamyka aber nirgends.

Da sandte der Zar nach dem Alten, dem Großvater.

Der Alte kam, verneigte sich.

Der Zar begrüßte den Alten und sprach: «Hat nicht dein Mamyka, Großväterchen, mein Unterbett gestohlen?»

«Ich weiß nicht, Väterchen, ob er es gestohlen hat, aber ein Unterbett hat er herbeigeschleppt, nur mit Mühe konnte er's in die Schlafnische stopfen.»

«Listig ist dein Enkel», sagte der Zar, «so möge Mamyka denn die Zarin rauben; gelingt es ihm nicht, verliert er seinen Kopf und das Leben.»

Der Großvater nahm Abschied vom Zaren, verneigte sich und ging nach Hause.

Noch größere Wehmut und Trauer ergriffen den Alten, er sieht nicht mal den Weg vor den Füßen: ist es denn einfach, die Zarin zu rauben!

Mamyka aber wartete schon und kam auf einem Bein herangehüpft.

«Töricht bist du», wehklagte der Großvater, «eine schöne Sache hast du da angerichtet, verloren sind wir!»

«Was ist denn, Großväterchen, was ist nur los?» beschwichtigte ihn das Bürschchen, der listige Mamyka.

«Hör zu: der Zar hat befohlen, daß du die Zarin raubst, sonst kostet's dich den Kopf.»

«Bete zu Gott, Großväterchen, und leg dich schlafen, die Sache geht in Ordnung!» sagte lachend das Bürschchen, der findige Mamyka.

4

Der Großvater legte sich schlafen, Mamyka aber wartete die Nacht ab, spannte das Pferd des Zaren vor den Schlitten und jagte schnurstracks zum Zarenpalast.

Der Zar weilte nicht im Palast, er saß im Synod und erteilte Befehle.

Mamyka war dies nur recht. Er rief die Diener des Zaren und sandte, als wäre er selbst der Zar, nach der Zarin.

«Der Zar wünscht, daß die Zarin sich mit ihm in den Gärten ergehe, unverzüglich!»

Und die Diener des Zaren überbrachten es der Zarin. Da kleidete sich die Zarin an, trat auf die Vortreppe, und wie sie das Pferd des Zaren erblickte, setzte sie sich in den Schlitten zu Mamyka. Der Dieb Mamyka aber jagte mit der Zarin nicht in den Synod, zum Zaren, sondern nach Hause zum Großvater.

«Öffne das Tor, Großväterchen!» schrie der Dieb Mamyka.

Der Großvater stand auf, und wie er den Enkel erkannte, öffnete er frohgemut das Tor und ließ Mamyka und die Zarin ein.

«Ehre sei Gott, erhört hat uns der Herr und errettet!» sagte der Alte unter Tränen: er freute sich, daß der Enkel mit der Zarin heimgekehrt war, daß der Enkel die Zarin geraubt hatte.

Die Zarin aber weinte: sie hatte Angst vor dem Dieb Mamyka und Mitleid mit dem Großvater.

Der Zar kam vom Synod und verlangte nach der Zarin.

«Die Zarin ist fort», erwiderten die Diener, «die Zarin ist in die Gärten spazieren gefahren, du selbst hast nach ihr gesandt.»

«Wann hab ich nach ihr gesandt?» Der Zar konnte es nicht fassen.

«Aus dem Synod», sagten die Diener.

«So soll es gewesen sein?»

«Gewiß.»

Keiner wußte vernünftig zu berichten, einer beschuldigte den andern.

«Das ist schon wieder der Dieb Mamyka!» besann sich der Zar.

Und der Zar ließ den Alten rufen, den Großvater. Sie ergriffen den Großvater und führten ihn vor den Zaren.

Der Zar nötigte ihn zum Sitzen und sprach: «Hat nicht dein Mamyka die Zarin geraubt?»

«Ich weiß nicht, Väterchen, ob er sie geraubt hat, aber eine Schönheit hat er heimgebracht, eine echte Dame.»

«Geschickt ist dein Enkel, Großväterchen», sprach der Zar, «ein flinker, behender und findiger Bursche fürwahr. Möge er dem Zaren nun alles Geraubte zurückerstatten: den Stier, das Pferd, das Unterbett und die Zarin. Ich verzeih ihm alles, tilge seine Schuld und lasse ihm eine Belohnung zuteil werden.»

Da eilte der alte Großvater nach Hause, unterwegs aber kam ihm Mamyka entgegen: mit dem Stier, dem Pferd, dem Unterbett und der Zarin.

Und Mamyka begann dem Zaren in allen Treuen zu dienen, ein treuer Diener war Mamyka. Er säuberte die Dienerschaft von faulen Gaffern, fing alle Diebe ein und erwirkte für den Großvater, seinen guten Alten, einen Orden beim Zaren – einen Orden, ein Pferd und eine Kuh, auf daß die beiden Alten lebten in Frieden.

1911

Herren

Der Waldschrat

Der Waldschrat lebt im Walde, der Waldschrat lebt in einem großen Haus. Das Haus ist mit Häuten bedeckt und warm. Der Waldschrat ist kein alter Mann, ach wo! – der Waldschrat ist jung, er hat weder einen Schnurrbart aus Fichtennadeln noch einen Bart aus Riedgras. Er trägt einen gelben Bauernrock und eine warme rote Mütze, und eine Frau hat er – die Waldschrätin, und Kinder – die Waldschrätchen: ein vollständiges Hauswesen.

Es war aber ein gewisser Afonyga, ein ungestalter Bursche, der schweifte immer durch den Wald und lebte *wie ein Waldschrat.* Da geht Afonyga durch den Wald und kommt zu einem Sumpf – einer morastigen Stelle – und sieht, daß der Waldschrat im Moor steckt, und mit ihm auch ein Hirsch und ein Bär.

Der Waldschrat war keineswegs redselig, aber wie er jetzt sprach!

«Geh, Afonyga», sagte er, «zu meiner Herrin und sag ihr, daß ich im großen Moor eingesunken bin, mit einem Elentier und dem Bären Mischa!» Und er wies ihm den Weg zur Waldschrätin.

Afonyga ging, wie der Waldschrat geheißen, und stieß auf ein großes Haus. Afonyga trat ein – da sitzt die Waldschrätin auf der Bank.

«Was bist du gekommen, Afonyga?» fragte die Waldschrätin, ein junges Weib mit heller Haut und schmachtendem Blick.

Afonyga aber erzählte vom Waldschrat, vom Elentier und vom Bären Mischa.

«Im großen Moor sind sie allesamt eingesunken!»

«Ich geh schon!» Und die Waldschrätin ließ Afonyga stehen, eilte aus der Hütte und hinaus zum großen Moor.

Afonyga wartete nicht lange, doch litt er nicht wenig Angst: es überwältigten ihn die Waldschrätchen – sie hefteten sich an ihn, stießen wilde Schreie aus, krallten sich fest; mit nichts konnte er sie abschütteln, da half kein Klaps, keine Ohrfeige.

Da erschien die Waldschrätin, den Bären Mischa auf den Schultern – ein junges Weib mit heller Haut und schmachtendem Blick–, hinter ihr aber schritt der Waldschrat mit dem Hirsch.

Prunkvoll bewirteten sie den Gast. Der Waldschrat wies ihm den Weg, und zum Abschied riß er den Ärmel seines Kaftans ab und gab ihn Afonyga.

Afonyga aber nähte sich daheim aus dem Ärmel einen Kaftan, der reichte bis zu den Fersen, und Handschuhe dazu.

1912

Der Wassermann

Der Wassermann lebt im See, dort bewohnt er ein Haus unter dem Stein. Der Wassermann ist nicht groß von Wuchs, eher klein, er ist schwarz wie der Teufel und hat einen roten Schnurrbart. Seine Frau stammt von den Nixen ab – die Wasserfrau, Palageja genannt oder Polja; seine Kinderchen aber – die Wassermannkerlchen – sehen kleinen Teufeln gleich, nur haben sie Schwimmhäute an den Fingern. Der Wassermann hält viele schwarze Kühe mit rötlich schimmerndem Fell – groß ist sein Hauswesen.

Im runden See hinter dem großen Moor liegt eine Insel, und manch einer hatte gesehen, wie die Kühe aus dem See ans Ufer stiegen und Gras rupften, und auch der Wassermann ward gesehen: wie er auf einem Stein sitzt und mit ehernem Rechen seine kräftigen Haarsträhnen kämmt.

Einmal schweifte Afonyga durch den Wald – was hatte Afonyga anderes zu tun! – und ging zum runden See hinter dem großen Moor, und da er müde war, legte er sich ins Gras, um auszuruhen, und schlief ein. Als er erwachte, sah er vier schwarze Kühe mit rötlich schimmerndem Fell, sie weideten auf der Insel.

Afonyga bekreuzigte sich und ging schnurstracks zu den Kühen... Doch kaum hatte er eine Kuh berührt, sah er, wie etwas aus dem Wasser ragte – und der See geriet in Aufruhr, und die Kühe verschwanden im Wasser. Afonyga erschrak nicht allzu sehr, tat keinen Unsinn, ja er brachte es sogar fertig, zwei Kühe einzufangen, und er trieb sie zu sich heim in den Wald.

Und lange lebten diese Kühe bei Afonyga, gaben täglich zwei Eimer Milch, das waren halt Kühe! Afonyga wurde reich und wohlhabend, mästete sich mit süßer Milch, daß er aus allen Nähten platzte; schon konnte er nicht mehr durch den Wald schweifen, da packte ihn das schlechte Gewissen.

Unruhe erfüllte Afonyga, da stimmte was nicht, alles war anders, als es hätte sein müssen. Und Afonyga beschloß, die Kühe zu schlachten. Und er tat es. Am Abend schlachtete er sie, am Morgen aber – waren Fleisch und Fell verschwunden, jemand hatte sie gestohlen, alles war weg.

Ärger überkam Afonyga – keine Milch hatte er nun, keine Kuh, kein Fleisch und kein Fell – gar nichts. Wie sollte er sich nicht ärgern! Afonyga dachte lange nach und legte Klage ein: den Nachbarn wollte er verklagen, den betrügerischen Nachbarn Mamyka.

Und während sich Afonygas Sache vor Gericht hinzog, war der Herbst gekommen, Afonyga aber konnte die Kühe nicht vergessen, sie wollten ihm nicht aus dem Kopf: diese rotbraunen, fetten Tiere – zwei Eimer Milch hatten sie täglich gegeben.

Eines Abends saß Afonyga in Nachdenken versunken da, er dachte wie immer an die Kühe, draußen aber tobte der Herbststurm. Da hörte Afonyga ein Klopfen. Er ging zum Tor, öffnete die Pforte und sieht: ein nicht sehr großer, eher kleiner Kerl von schwarzer Gesichtsfarbe und mit rotem Schnurrbart – in Wams und Strohhut gekleidet – steht vor dem Tor und schaut ihn an.

«Umsonst, Afonyga», sprach er, «hast du dich wegen der Kuhhäute mit dem Nachbarn angelegt – die Häute, die hab ich genommen!» So sprach er und verschwand eilig zum See.

Afonyga hatte ihn gleich erkannt – der Wassermann war's, aber natürlich! –, und er schloß Frieden mit seinem Nachbarn, schlichtete den Streit mit Mamyka und schweifte wie in alten Zeiten, wie vormals durch den Wald, einem *Waldschrat* gleich.

1912

Der Teufel

Es war einmal ein reicher Mann, der hatte mit allem, was er anfing, Glück. Er mußte nur etwas denken oder wünschen, und schon ging es in Erfüllung. Nikanor verstand selber nicht, woher ihm solche Gunst zuteil wurde. Je länger, desto besser ging es ihm.

Und je länger, desto mehr hatte er das Gefühl, daß von einer andern Seite, mit einem andern Wind etwas ganz anderes heranwehte – das Unheil. Zu Beginn, als die Sache ins Rollen kam, dachte Nikanor nur ans Geschäft, als er sich aber bereichert und ein Fäßchen mit Gold – ein ganzes Faß! – angehäuft hatte und die Geschäfte ihren eigenen Gang nahmen, da wandten sich seine Gedanken ganz anderem zu: er dachte immerfort, daß die Leute von seinem Gold erfahren und sein Fäßchen rauben würden. Er fand keine Ruhe mehr: legte er sich zu Bett, konnte er nicht schlafen, schlief er aber ein, so träumte er schlecht.

Es war ihm, als müsse er nur etwas Bestimmtes tun, und die Ruhe wäre wieder da und das frühere Leben, voller Arbeit und Entbehrung; aber was er tun müsse, das wußte er nicht.

Sehr reich war Nikanor und berühmt. Ein Fäßchen Gold hortete er unter dem Bett, aß und trank, bis er satt war, genoß bei jedermann Ansehen, nur Ruhe fand er keine – der letzte Landstreicher hatte mehr, und selbst Trinker und Habenichtse mußte er beneiden!

Eines Nachts lag Nikanor wach, da hörte er ein Klopfen am Fenster. Er stand auf, ging zum Fenster und rief – aber keiner gab Antwort.

«Will er nicht antworten, soll er's eben lassen», und Nikanor legte sich wieder ins Bett. Doch kaum hatte er die Augen geschlossen, klopfte es abermals. Er rief – keiner gab Antwort. Da packte ihn Angst: Diebe sind's, die ihn berauben wollen! Und er nahm das Gewehr von der Wand, lud es und versteckte sich hinter dem Fenster.

Und als es zum dritten Mal klopfte, riß Nikanor das Fenster auf und schoß. Doch wie er den Schuß abgefeuert, erstarrte er gänzlich: dort – hinterm Fenster – umklammerte eine zottige Hand mit Vogelkrallen den Fensterladen.

Nikanor lief und holte ein Messer und wollte schon die Hand des Teufels abhacken, da entfiel ihm das Messer – zwei riesige zinnerne Augen starrten ihn aus der Finsternis an, und in einem dunklen zerfurchten Gesicht klaffte ein Rachen.

«Folge mir!» sagte der Teufel.

Was sollte er auch tun – Nikanor ging mit.

Der Teufel packte ihn an der linken Hand, und sie schritten geradewegs zum Fluß.

Vor Furcht knickten Nikanor die Beine ein, aber der Teufel zog ihn mit – wie gern wäre er geflohen, doch dem Teufel entkommt keiner.

Und sie kamen zum Fluß, und der Teufel sprach: «Nikanor, du hortest doch ein Fäßchen mit Gold, gib es mir. Ich hab dir geholfen!»

Nikanor starrte den Teufel an, fast wäre er in Ohnmacht gefallen.

«Wenn du's nicht hergibst, werf ich dich ins Wasser. Hörst du?»

«Ich höre.» Und Nikanor willigte ein.

«Also sieh zu, morgen bin ich bei dir», sagte der Teufel und sprang ins Wasser.

Nikanor wußte nicht, wie er nach Hause kam,

wie der Tag verging, nachts aber legte er sich nicht schlafen, sondern wartete auf den Teufel. Um Mitternacht klopfte es ans Fenster. Nikanor holte das Fäßchen, brachte es dem Teufel, der Teufel lud es sich auf die Schultern, und sie gingen davon.

So gingen sie – der Teufel und neben ihm Nikanor.

Vor Furcht knickten Nikanor die Beine ein, aber der Teufel zog ihn mit – wie gern wäre er geflohen, doch dem Teufel entkommt keiner.

Und sie kamen zum Fluß, und der Teufel stieg ins Wasser, zog eine Eisenkette ans Ufer, befestigte das Fäßchen, tauchte es ins Wasser und verschwand selber unter der Wasseroberfläche, dann tauchte er wieder auf und reichte Nikanor eine Handvoll Gold.

«Dies ist für deine Treue, aber sieh dich vor, sei schweigsam!» Und weg war er.

Nikanor aber kehrte nach Hause zurück und betrank sich vor Kummer.

Sehr reich war Nikanor und berühmt. Da begann er zu trinken, und das Geschäft nahm Schaden. Wäre nicht die Handvoll Gold gewesen, die ihm der Teufel überlassen, er hätte sein ganzes Hab und Gut vergeudet.

Am Abend des Wassilij-Tags saß Nikanor mit seinen Saufkumpanen in der Kneipe. Sein Freund rührte ihn so sehr, daß Nikanor in betrunkenem Zustand zu klagen anfing, und er vergaß seinen Schwur und erzählte ihm alles. Und wie sie aus der Kneipe traten, kam ein Greis auf sie zu und lud sie, als wären sie bekannt, zu sich ein.

Warum sollten sie nicht hingehen – dem Auge des Betrunkenen ist jeder Weg recht, und so gingen sie mit. Lange führte sie der Greis, von einer Schneewehe zur andern, der Weg war mühsam und Nikanors Freund ganz erschöpft; er gähnte, bekreuzigte sich, und plötzlich sieht er: er steht am Rande eines Eislochs, Nikanor aber steckt Kopf voran im Eisloch, und der Greis ist weg.

So fand Nikanor den Tod.

1912

Der schreckliche Knochenmann

Es war einmal ein rechtschaffener Mann, der ehrte Gott und vergaß auch die Menschen nicht: Gott stiftete er Kerzen, den Armen – Brot. Also lebte der rechtschaffene Mann mit Frau und Sohn, ohne zu murren lebte er. Da starb die Frau, und er verfiel in Trübsinn ohne das Weib, kränkelte und fühlte schon sein Ende nahen.

Da sprach der Alte zum Sohn: «Nichts kann ich dir vermachen, denn ich besitze nichts: was ich verdiente, gaben wir aus. Aber bevor deine Mutter starb, buk sie ein Weißbrot, es brannte zwar an, doch hob ich es auf – ich hinterlaß dir das angebrannte Weißbrot. Verzehre es mit jenem Freund von mir, der keinen *Gewinn* ziehen will.»

Der rechtschaffene Mann starb, und der Sohn begrub seinen Vater. Was an Geld übriggeblieben war, gab er für das Begräbnis aus. Das Haus war leer, wie ausgekehrt, er aber hatte Hunger. Da gedachte Sergej des väterlichen Erbes, holte das angebrannte Weißbrot hervor und wollte gerade hineinbeißen, als ihm die Worte des Vaters einfielen: er möge das Weißbrot mit jenem Freunde verzehren, der keinen Gewinn herausschlagen wolle – und er verstaute das Brot hinterm Brustlatz und machte sich auf, den Freund des Vaters zu suchen.

Und unterwegs traf Sergej einen Greis, weißhaarig war er und hochbetagt.

«Wohin, junger Mann», sprach er, «lenkt Gott deine Schritte?»

«Ich bin auf der Suche nach Vaters Freund, der

nicht auf Gewinn aus ist», und Sergej erzählte dem Alten vom angebrannten Weißbrot.

«Ich bin der Freund deines Vaters.»

Da betrachtete Sergej den Freund des Vaters: ein weißhaariger Greis mit einer kleinen Kirche in der Hand.

«Nicht doch, du bist ein Priester des Herrn, der Knecht Gottes Nikola!» Und er verneigte sich vor dem Heiligen von Moschajsk und ging weiter.

Und unterwegs kam ihm ein Reiter entgegen auf einem weißen geflügelten Pferd, das Gold schimmerte prächtig. Sergej erschrak und trat rasch zur Seite.

Der Reiter aber rief: «Wohin, junger Mann, lenkt Gott deine Schritte?»

«Ich bin auf der Suche nach Vaters Freund, der nicht auf Gewinn aus ist», und Sergej erzählte dem Reiter vom angebrannten Weißbrot.

«Ich bin der Freund deines Vaters.»

Da betrachtete Sergej den Freund des Vaters: seine Arme steckten bis zu den Ellbogen in kostbarem Gold, die Beine bis zu den Knien in reinem Silber, auf der Stirn glänzte ein Stern, das Haupt aber krönte ein grüner Kranz.

«Nicht doch, du bist der tapfere heilige Georg!» Und Sergej verneigte sich vor dem heiligen Hirten und ging weiter.

Und Sergej ging des Weges, die Nacht aber hatte ihn schon beinah eingeholt, er war müde und hungrig. Da traf er unterwegs eine furchterregende Gestalt – groß, mit mächtigem Brustkorb und schmaler Hüfte, mit langen Fingern, vielen Zähnen, riesigen Rippen und ganz nackt –, den schrecklichen *Knochenmann.*

«Wohin gehst du?» fragte der schreckliche Knochenmann und verzog das Gesicht zu einer Grimasse.

«Ich bin auf der Suche nach Vaters Freund, der nicht auf Gewinn aus ist.»

«Der Freund – der bin ich!»

Da betrachtete Sergej den Freund des Vaters: den schrecklichen Knochenmann.

«Warum bist du Vaters Freund?»

«Weil ich ihm seine Seele entrissen habe.»

«So ist er wohl wirklich des Vaters Freund», dachte Sergej, «nur furchterregend ist er.»

Und Sergej holte das angebrannte Weißbrot hinterm Brustlatz hervor, und sie setzten sich auf einen Baumstrunk und verzehrten das Weißbrot.

Der schreckliche Knochenmann klapperte mit den Zähnen.

«Geh», sprach er, «in die Stadt; der Zar ist krank, er will wissen, wie es um seinen Tod steht. Geh also zum Zaren und sag ihm, was du über seinen Tod weißt. Mich sieht keiner außer dir. Uneigennützig bin ich, deines Vaters Freund! Sitze ich am Kopfende des Zaren, stirbt er; steh ich zu seinen Füßen, bleibt er am Leben.»

Und Sergej nahm vom schrecklichen Knochenmann Abschied und machte sich in die Stadt auf, daselbst posaunte er laut: «Ich weiß Bescheid um des Zaren Tod!»

Die Kunde aber drang bis zum Zaren, und der Zar ließ nach Sergej forschen. Man fand ihn und führte ihn vor den Zaren.

Sergej betete und schaute ihn an: der Zar liegt im Bett und atmet kaum, der schreckliche Knochenmann aber steht zu seinen Füßen und verzieht das Gesicht.

Da verneigte sich Sergej vor dem Zaren: «Schwer lagt Ihr darnieder, Eure Zarenhoheit, schwer fürwahr, aber der Herr schenkt Euch Gesundheit, und Ihr werdet leben.»

Und der Zar fühlte sich zusehends besser und besser, und schließlich genas er vollends und vergaß alle Krankheit. Vor Freude belohnte er Sergej mit einem Orden und ließ aus dem Staatsschatz einen Sack Gold für ihn füllen.

Sergej hängte sich das Verdienstkreuz um den Hals, klemmte das Gold unter den Arm, dankte dem Zaren und kehrte aus der Stadt nach Hause zurück: nun hat er genug für den Rest seines Lebens, ja übergenug!

Sergej ging des Weges, da brach die Nacht herein, und er setzte sich auf einen Baumstrunk, um auszuruhen. Plötzlich stand der schreckliche Knochenmann neben ihm.

«Grüß dich, Sergej Iwanytsch!» sprach der Knochenmann.

«Grüß dich, Schrecklicher!»

«Hast du viel eingesammelt?»

«Sieh mal, wie viel, bis oben voll!», und Sergej zeigte dem Schrecklichen seinen Sack mit Gold.

«Nun, allzu viel auch nicht...», sagte der Knochenmann und schüttelte den Sack, «die Münzen sind falsch! Geh in ein anderes Land, auch dort liegt der König darnieder, sag ihm, daß du über seinen Tod Bescheid weißt. Sitz ich an seinem Kopfende, sag dem König: sein Leben sei zu Ende, er werde sterben. Da es ihm aber schlecht geht, wünscht er sich nur das eine: den Tod. Und er wird dich belohnen: zum Zaren macht er dich. Und dreißig Jahre wirst du herrschen. Wisse:

dreißig Jahre, nachdem du die Krone aufgesetzt, zur nämlichen Stunde wirst du sterben. Denke daran! Bereite dich vor! Denn ich komme gewiß.»

Und Sergej nahm vom schrecklichen Knochenmann Abschied und zog in jenes Land, wo der König darniederlag.

«Ich weiß über den Tod des Königs Bescheid!» posaunte Sergej.

Das kam den Richtigen zu Ohren, und sie faßten Sergej, und ab mit ihm zum Zaren. Und sie führten Sergej vor den König, Sergej aber sieht schon auf der Schwelle: der schreckliche Knochenmann sitzt am Kopfende des Königs und schneidet Grimassen.

«Eure königliche Hoheit, Ihr werdet sterben!»

Da nahm der König die Krone ab und setzte sie Sergej auf.

«Herrsche, rechtschaffener Mann, hab Dank!» Und er starb.

Gut herrschte Sergej, redlich regierte er das Reich. Ruhe und Friede erfüllten sein Land. Die Kaufleute trieben üppigen Handel, die Bauern säten emsig Getreide – Äcker gab es in Hülle und Fülle, man erntete viel, und das Vieh fand reichliches Futter, und auch Wiesen gab es im Überfluß, und die Räuber saßen hinter Schloß und Riegel, und keiner führte Klage.

Der König war immerzu tätig und rege, und so bemerkte er nicht, wie die Jahre dahingingen, da kam auch schon sein dreißigstes Jahr, sein letztes.

«Ach», fiel dem Zaren ein, «der Knochenmann naht!»

Und Schwermut übermannte ihn und große

Trauer, er ward betrübt, gleichgültig und vergaß seine Pflichten.

«Der schreckliche Knochenmann naht!» klagte der Zar.

Und vor Trauer erkrankte er, und nichts konnte ihm helfen, denn er denkt nur an eins: «Der Knochenmann naht!»

Und es kamen die letzten Tage, und die letzte Stunde kam. Und es vergingen die letzten Minuten, nur noch eine blieb übrig.

«Ich geh in den Garten, um Abschied zu nehmen...» Und der König stand auf und ging zur Tür.

Auf der Schwelle aber harrte schon der Knochenmann.

«Wohin unterwegs, Sergej Iwanytsch?» fragte der Knochenmann und schnitt Grimassen.

«In den Garten, um Abschied zu nehmen, Abschied will ich nehmen...»

«Warum hast du's nicht früher getan? Ich hab dich gewarnt», und der Knochenmann nahm den Zaren an der Hand, «also gehn wir zusammen!»

Und sie schritten durch den Garten wie zwei Freunde, der tote König und der Knochenmann. Der König nahm Abschied. Und es gab keinen Strauch, keinen Baum, von dem er nicht Abschied genommen hätte. Von der ganzen Welt nahm er Abschied und sprach: «Was meinst du, Schrecklicher, wird man mich nach meinem Tod beweinen?»

Der Knochenmann aber verzog nur sein Gesicht.

«Sie heulen», sprach er, «heulen schon den dritten Tag, denn seit drei Tagen bist du tot: im selben Augenblick, als wir uns auf der Schwelle trafen, bist du gestorben! Hab Dank für das freundschaftliche Weißbrot!»

Und der schreckliche Knochenmann klapperte mit den Zähnen und hob seine uneigennützige, schreckliche Hand, und der Zar blieb allein, kein Zar – eine Menschenseele nur.

1911

Der Vampir

1

Es war einmal ein Bauer mit seiner Frau. Sie lebten gut und wären wohl ihr Leben lang zusammengeblieben, doch kam ein schweres Jahr, die Saat ging nicht auf, und sie mußten sich trennen. Fjodor fuhr nach Petersburg zur Lohnarbeit, Maria aber blieb mit den Alten daheim.

Schwer hatte es Maria ohne den Mann. Schlecht und recht stand sie ein Jahr durch, zum Herbst ging es besser. Sie wartete auf den Mann – doch von Fjodor kam keine Nachricht. Sie wartete und wartete – doch Fjodor kehrte nicht heim. Ob er noch lebte?

Da hieß es, er sei gestorben. Die Weiber hatten von einem Soldaten gehört, daß Fjodor gestorben sei. Maria brach in Tränen aus, grämte sich und weinte.

«Wenn er wenigstens als Toter vorbeikäme und noch ein einziges Mal hereinschaute!» klagte Maria, denn einsam war sie.

Den ganzen Herbst verbrachte sie unter Tränen, war immer betrübt, sie fühlte sich einsam ohne den Mann.

Nach Weihnachten aber kam Fjodor plötzlich angefahren.

Wie freute sich da Maria, sie weinte vor Freude: das hatte sie nicht erwartet, das hatte sie nicht geahnt!

«Mir aber sagte man, du seist gestorben!»

«Was heißt gestorben! Was die Weiber nicht alles herumreden!»

Und fortan lebten sie zufrieden, Fjodor und Maria.

2

Alles war wie zuvor, als hätten sie sich nie getrennt – als wäre Fjodor nie nach Petersburg gefahren und Maria nie allein geblieben –, als hätten sie immer zusammengelebt. Alles war wie früher, wie gewohnt. Alles... und doch nicht alles: Maria dachte, und je länger, desto mehr: «Und was, wenn er ein Toter ist?»

Stirbt jemand im Dorf, will ihn Maria gleich ansehen, und sie fordert auch Fjodor auf, doch er – geht's um einen Toten – will nimmer mit.

Einmal aber bat sie ihn so inständig und nötigte ihn so lange – der Tote war sehr reich –, daß er sich überreden ließ. Und sie gingen zusammen.

Sie kamen zum Haus des Toten: der Tote aber lag im Sarg, das Gesicht vom Deckel verdeckt. Da versammelten sich die Verwandten, hoben den Sargdeckel und enthüllten sein Gesicht, daß man den Toten betrachten könne. Und alle reckten ihre Hälse: ein jeder wollte den Toten sehen. Mit dem Volk drängte sich auch Maria vor. Und wie sie rasch zurückblickte, um Fjodor herbeizuwinken, sieht sie: er steht auf der Schwelle, großgewachsen, einen Kopf größer als die andern, und lacht.

«Was lacht er nur?» dachte Maria, und Schrekken überfiel sie.

Das Volk ging auseinander. Und auch sie gingen heim.

Unterwegs fragte sie ihn: «Warum hast du gelacht?»

«Nur so...» Er wollte es nicht sagen.

Sie aber nötigte ihn: «Sag's.»

Fjodor schwieg beharrlich und weigerte sich, schließlich sagte er: «Als sie den Deckel hoben, krochen Würmer in seinen Mund.»

«Was bedeutet das?»

«Ein *Vampir* wird aus ihm.»

«Was für ein Vampir?»

«Solch einer! Fünf Jahre lebt der Vampir anständig und rein, ist nicht zu erkennen, dann aber fängt's an: zuerst ißt er Tierfleisch, dann macht er sich an die Menschen heran.»

Und als Fjodor dieses sagte, ward es Maria noch schrecklicher zumut.

«Wie kann man ihn denn vernichten, den Vampir?» fragte Maria.

«Das ist ganz einfach», sagte Fjodor. «Man nehme den Zaum von einem Fohlen und schlage dem Vampir von hinten auf die Arme, so stirbt er.»

Sie kehrten heim und legten sich schlafen.

Fjodor schlief ein. Maria aber schläft nicht, ihr ist so bang.

«Und was, wenn er ein Vampir ist?» Ihr ist so bang, sie kann nicht schlafen; Maria kann nimmer einschlafen und die Angst und die schweren Gedanken vertreiben.

3

Wohin ist es entschwunden, das Frühere? In Eintracht hatten Fjodor und Maria gelebt, wo ist die Eintracht geblieben? Maria läßt sich nichts anmerken – hält die Angst geheim –, sie ist nicht zänkisch, sorgt für den Mann, doch wie anders sieht sie aus, wie verändert, mißmutig ist sie und abgezehrt, sagt kein lautes Wort, lacht nicht.

Vier Jahre lebte Maria in Angst, vier Jahre

waren verstrichen, seit Fjodor aus Petersburg heimgekehrt, und das fünfte Jahr war angebrochen.

«Fünf Jahre lebt der Vampir anständig und rein, daß man ihn nicht erkennen kann, dann aber fängt's an: zuerst ißt er Tierfleisch, dann macht er sich an die Menschen heran», erinnerte sich Maria, und sie verzagte.

Sie hält es nicht länger aus, schläft nicht und ißt nicht, die Angst würgt sie sehr.

«Nicht euer Sohn ist Fjodor... ein Vampir!» schrie Maria den beiden Alten ins Gesicht.

«Wieso denn?»

«Weil er ein Vampir ist!» Und Maria erzählte den Alten, was sie von Fjodor über den Vampir gehört – dies ist sein letztes Jahr, geht es zu Ende, frißt er sie auf.

Da erschraken die Alten: «Er frißt uns auf!»

Und sie fürchteten sich und waren auf der Hut. Und sie begannen, auf Fjodor aufzupassen. Sieh da, er ißt schon Kühe unterwegs.

Maria verlor fast den Verstand, und die Alten zitterten und bebten.

Da nahmen sie den Zaum von einem Fohlen, lauerten Fjodor auf, schlichen sich von hinten an ihn heran und hieben mit dem Zaum auf seine Arme...

Fjodor fiel hin.

«Umgebracht hast du mich!» sprach er und verschied.

Das ist alles.

1911

Der Tote

Der Tote lag in seinem Grab, und keiner rührte ihn an, er lag ruhig, friedlich und still. Der Ärmste hatte sich lange genug abgerackert, jetzt war ihm leicht zumut im Grab. Finsternis herrschte und Feuchtigkeit, doch fühlte er noch nicht die Langeweile des Todes, er ruhte und schlief sich aus nach soviel Mühsal.

Im Dorf aber fand an den Feiertagen ein großes Volksfest statt, ein Riesengelage mit Tanz. Da will sich, bekanntlich, ein jeder zeigen und auszeichnen und mit lustigen Streichen das Volk verblüffen, ein jeder auf seine Art, und alle zerbrechen sich den Kopf.

Es waren drei Kameraden – drei Freunde –, die kamen überein, die Menge mit einem Toten zu schrecken: sie wollten den Toten ausgraben, zum Hause schleppen und mitten in die Stube stoßen, das würde Aufsehen erregen – und die Freunde kamen überein und begaben sich auf den Friedhof.

Auf dem Friedhof herrschte Stille – wer ging schon nachts dorthin! –, und die Freunde machten ein frisches Grab ausfindig, und die Arbeit begann: mit Schwung trugen sie den Hügel ab, fingen zu graben an und hatten schon bald das Grab aufgescharrt und zerrten den Leichnam aus der Grube.

Der Tote war leicht, zwei von ihnen griffen ihm unter die Arme, der dritte aber stellte sich dahinter, um die Füße des Toten zu bewegen, und so führten sie ihn ins Dorf und gingen – der Tote und die drei Lebenden.

Sie kamen bestens voran, schon erreichten sie das Dorf, bald würden sie das Haus sehen!

Die Vordermänner, die den Toten am Arm führten, bemerkten nichts, der dritte aber, der seine Füße im Schritt verschob, spürte plötzlich, daß die Füße lebendig wurden: der Tote bewegte sich vor und zurück, immer stärker, schon strampelt er mit den Beinen, gleich wird er lebendig werden, auferstehen wird der Tote und groß wird das Unglück sein – und er schlich sich heimlich davon.

Die Freunde jedoch gingen weiter, führten den Toten am Arm – gleich würden sie das Haus sehen! Sie merkten nichts, der Tote aber wurde lebendig, schon geht er selbständig und frei, sie merkten nichts, dachten nur an den Freund, der spurlos verschwunden, als hätte er die Sache ausgeheckt, ein schöner Beistand ist das.

Und je weiter sie gingen, je näher sie kamen, desto lebendiger wurde der Tote – huh, wie unzufrieden er ist!

Die Freunde führten ihn zum Haus und betraten den Flur.

Im Haus aber wurde gespielt und gescherzt – das Fest war in vollem Gange, gleich gibt's ein Aufsehen!

«Grischka hat sich davongemacht und den Mut verloren», fiel den Freunden ein, und es wurde ihnen ganz bange, sie wollten den Toten rasch in die Stube stoßen und sich verziehen – Grischka ist auf und davon!

Sie öffneten die Tür – gleich gibt's Aufsehen! – und wollten den Toten hineinstoßen, doch konnten sie ihre Hände nicht befreien, der Tote hielt sie fest.

Im Hause aber herrschte großer Schrecken – man hatte den Toten erkannt –, der eine fiel zu Boden, der andere sprang ins Freie, der dritte blieb wie angewurzelt stehen.

Der Tote aber hielt die beiden immer noch fest, und wie sehr sie auch loszukommen versuchten und all ihre Kräfte anspannten, der Tote hatte sie im Griff und umklammerte sie immer enger.

«Wo, meine Täubchen, strebt ihr nur hin? Ruhig lag ich, hab endlich von Gott die verdiente Ruhe bekommen, ihr aber habt mich aufgestört, so bleibt denn bei mir!»

Er sprach wie die andern, nur schaut er so seltsam! Nein, einem solchen entkommst du nicht, der läßt dich nicht los – er ist anders als wir!

Das ganze Dorf hatte sich versammelt und gaffte, die Unglückseligen aber versuchten nun schon nicht mehr, sich loszureißen, sie flehten den Toten an, daß er sie befreie und ihre Hände loslasse.

Er aber schaut nur, hält sie fest und sagt kein Wort.

Das Volk versuchte, sie sachte vom Toten zu lösen, doch damit war nichts; sie schrien alsbald laut, daß es weh tue. Und so zog sich das Volk zurück. Und man beschloß, alle drei zu bestatten.

Und als die Unglückseligen sahen, daß ihr Untergang nahte, weinten sie sehr und flehten den Toten noch inständiger an, daß er sie befreie.

Er aber schaut nur, hält sie noch fester und sagt kein Wort.

Zwei Tage und zwei Nächte ließ sie der Tote nicht los, am dritten Tag aber erschlafften seine Hände, knickten seine Beine ein, und da wuchsen ihre Leiber und Hände mit denen des Toten zusammen – da nützt keine Axt, sie sind nicht zu trennen!

Der Herr wollte ihnen nicht verzeihen.

Sie aber baten Nachbarn und Verwandte um Verzeihung und nahmen Abschied von ihnen. Und man fuhr sie auf den Friedhof, um sie mit dem Toten zu bestatten.

Und man bestattete sie zusammen – den Toten und die beiden Lebenden.

Es lebe der Herr mit der Herrin,
Lange sollen sie leben!

1912

Weltliche Rätsel

Der Streit

Es ging einmal ein altes Weib in den Wald, Brombeeren zu pflücken. Die Alte füllte ihren Korb und verirrte sich dabei: sie geht durch den Wald und kann nicht heraus. Der Waldschrat aber, das große Tier, hatte es auf das nur abgesehen – er ist froh, daß die Alte den Heimweg nicht findet, und ist schon zugegen.

Nicht um die Alte ging's, von ihr hat er wenig Nutzen: zwei Greise hatten sich als Einsiedler in den Wald verzogen, zwei Hütten standen im Wald, und die Greise drohten dem Waldschrat, ihn aus dem Wald zu vertreiben, gegen sie hegte er Groll.

Da sprach der Waldschrat, das große Tier, zur Alten: «Was meinst du, altes Weib, könntest du nicht einen Streit anfangen mit den Starzen*, Streit stiften, das heißt, Sünde erzeugen?»

Heftig erschrak da die Alte, und ihr Herz erschauerte; zu allem war sie bereit, sie würde auf ihre alten Tage Hasen- oder Eichhörnchenfleisch essen – des Waldschrats Lieblingsgericht –, wenn sie nur wieder nach Hause fände.

«Hör zu, altes Weib, ruf den Starzen und knall ihm eins auf die Glatze und sprich: ‹Laß es dem andern!› Das ist alles. Dann führ ich dich nach Hause, Fjodorowna!» Und zog wie ein Gockel ab und ließ nichts mehr von sich hören.

Was sollte die Alte tun? Sie folgte dem Waldschrat und kam geradewegs zu den Hütten, wo die Einsiedler hausten.

«Heiliger Vater, öffne das Fenster!» rief die Alte und klopfte ans Fenster des Starzen.

Der Starez öffnete das Fenster und beugte sich zur Alten hinab, sie aber knallte ihm eins auf die Glatze und sprach: «Laß es dem andern!» Und ging davon.

Kaum hatte der Starez das Fenster geschlossen, eilte der andere Starez zu ihm: er hatte die Worte der Alten gehört.

«Was», sprach er, «hat man dir gegeben?»

«Gar nichts.»

«Aber ich hab doch selber gehört: ‹Laß es dem andern.›»

Und sie fuhren sich in den Bart. Und je länger sie stritten, desto mehr. Schon hatten sie sich schwer versündigt, da erschraken die Starzen und überhäuften einander mit Vorwürfen – ihre Erlösung war verwirkt, es sei denn, sie hätten sich erneut in Höhlen verkrochen und für ihre Sünden Abbitte getan.

Der Waldschrat aber führte die Alte aus dem Wald, heim führte er sie.

1912

Ein Fetzen Birkenrinde

Es lebten einmal in einem Dorfe zwei alte Männer, Semjon und Michajla, verständig waren sie und gut Freund.

Eines Tages mähte der alte Semjon Heu mit seinem Knecht, und als die Mittagszeit kam, ließ sich der Knecht zur Ruhe nieder, Semjon aber machte sich an einer Birkenrinde zu schaffen – ein fleißiger Alter war er, konnte nicht untätig sein –, er riß die Birkenrinde in Fetzen, die Fetzen aber flocht er zusammen.

Da kamen Leute übers Feld.

«Seid gegrüßt, Knechte, wir haben gehört, daß man den alten Michajla auf der Landstraße umgebracht hat.»

«Umgebracht!» schrie Semjon und sprang auf. «Räuber werden's gewesen sein!»

Und der Alte war nicht mehr imstande, Birkenrinden zu zerreißen, er warf die Fetzen in einen Korb, nahm den Korb auf den Arm und machte sich auf den Heimweg.

Und der Alte ging und konnte sich nicht beruhigen, immer mußte er an den alten Michajla denken.

«Räuber haben ihn umgebracht, oh, diese Bösewichte!» wiederholte er in einem fort, und wie er so querfeldein ging, rann Blut aus dem Korb.

Die Knechte, die hinter ihm waren, sahen das Blut, und sie eilten ihm nach, blieben nicht zurück.

Er aber setzte ruhig seinen Weg fort, als wüßte er von nichts, drehte sich nicht um, ging immer gradaus. Und wie er heimkam, warf er den Korb in den Flur und trat ins Haus.

Die Knechte aber stürzten zum Korb, und wie sie ihn auftaten, lag daselbst ein Menschenkopf.

«Nun», sprachen sie, «du warst's, Getaufter, der Michajla umgebracht hat!» Und ungesäumt zum Dorfpolizisten.

Der Dorfpolizist kam, es kamen auch Zeugen, den Korb des Alten anzuschauen: im Korbe lag, fürwahr, ein Menschenkopf. Und sie versiegelten den Korb und sperrten den alten Semjon in den Kerker.

Viele und lange Jahre saß Semjon im Kerker.

«Ich bin unschuldig, habe niemanden umgebracht!» beteuerte Semjon und bekannte vor Gericht keine Schuld.

«Ich bin unschuldig, habe niemanden umgebracht!»

Da holte man den Korb, entsiegelte ihn, dort aber lag – Birkenrinde, ein Fetzen Birkenrinde.

Und man verkündete dem Alten das Urteil: er solle büßen, nicht weil er getötet, sondern weil er andere des Mordes beschuldigt.

1912

Um des Schafes willen

1

Es saßen die Mädchen bei Tichon, dem Alten, an einem Abendkränzchen. Die Mädchen wollten Geld sammeln, um den Alten zu bewirten, der Alte aber flüsterte ihnen zu, sie sollten kein Geld vergeuden, sondern lieber ein Schaf des Nachbarn entwenden.

So einer war der verflixte Alte.

Die Mädchen aber, Dummköpfe, die sie waren, fackelten nicht lange und eilten behend davon, betraten im Finstern den Stall des Nachbarn, stülpten dem Schaf eine Mütze über den Kopf, auf daß es nicht blöke, und führten es zu Tichon, dem Alten.

So einer war der verflixte Alte.

Am Morgen erhob sich die Hausherrin und ging in den Stall – sie hatte viele Schafe, lauter weiße und ein schwarzes –, da fehlte just jenes schwarze. Ihr Mann aber, Tichons Nachbar, war ein Tunichtgut, spielte Karten und liebte den Wein: so dachte das Weib denn an ihn. Und Ärger überkam sie, und sie verstieß den Mann aus ihrem Herzen. Zu Hause sprach sie: «Du, Unglückseliger, hast also nachts das Schaf geraubt, nachdem du das Kartenspiel verloren!»

«Nicht doch», sprach der Mann, «am Getreide hab ich mich wohl vergangen, das Schaf aber hab ich, bei Gott, nicht angerührt.»

Das soll einer glauben! Nicht angerührt! Als er das Getreide auf den Markt fuhr, hat er's verkauft.

«Oh, du Unglückseliger, du hast das Schaf geraubt!» schrie das Weib verleumderisch: sie ärgerte sich und nahm es sich zu Herzen.

Und der Ärmste mußte seine Schuld gestehen – was sollte er tun? –, er gestand, daß er mit dem Getreide auch das Schaf verkauft.

Damit war die Sache beendet, der Unschuldige ward für schuldig befunden. Tichon, der Alte, aber verzehrte des Nachbarn Schaf, und Kummer hatte er keinen.

So einer war der verflixte Alte.

2

Tichon, der Alte, hatte drei Söhne. Der jüngste, Michajla, ging eines Morgens angeln ans Meer, da, wo die Fischernetze lagen. Gut angelte der Bursche, aber Gott weiß warum nahm er eine andere Richtung, nicht wie gewohnt.

«Mischka», riefen die Kinder, «du gehst falsch, dort ist das Wasser seicht!»

Michajla aber hörte nichts und setzte seinen Weg fort.

Die Kinder riefen und riefen, schließlich gaben sie's auf. «Soll er halt gehen», dachten sie.

So ging Michajla. Und alles Suchen und alle Gebete blieben erfolglos.

Michajla aber fing einen Fisch und verfiel ins Grübeln, ein stiller Bursche war er; da erschien ihm sein älterer Bruder Wassilij.

«Komm mit», hörte er Wassilij sagen, «du bist in die falsche Richtung gegangen.»

Und Michajla folgte dem Bruder, immer weiter und weiter, doch plötzlich war der Bruder verschwunden, und er brach in schallendes Gelächter aus. Michajla wußte nicht, wie er in den Wald gelangt war, zu diesem Waldhüttchen.

In der Hütte saßen ein Weib und unbekannte Kinder.

«Ich habe mich verirrt», sagte Michajla.

«Nein, du hast dich nicht verirrt», sprach das Weib, «der Waldschrat hat dich entführt.»

«Ist das Leben hier hart?» wollte Michajla wissen.

«Und ob! Der Waldschrat quält dich mit Arbeit. Geht einer, ohne sich vorzusehen, mit Feuer und läßt einen Funken fallen, da gelüstet es den Waldschrat, einen Brand anzufachen, und der andre soll's tun. Es ist schwer, bei den Menschen einen Brand anzufachen.»

Und Michajla blieb beim Waldschrat: da saß er nun fest und kam nicht fort.

3

Am letzten Tag vor den Philippsfasten war Michajla verschollen, im Frühling aber, vor Ostern, fand sich eine alte Hexe ein, die wollte Michajla suchen: in der Osternacht könnte es gelingen.

«Wenn die Osterprozession beginnt», erklärte die Alte, «kehrt jeder Tote, jeder Verschollene in sein Elternhaus zurück und wirft sich vor den Eingang, doch muß zur selben Zeit eine blühende Jungfrau dreimal die Schwelle überschreiten.»

Doch keine fand sich dazu bereit; die da waren, hatten Angst.

«Wir selbst werden verschwinden», meinten sie ängstlich.

Und Ostern ging vorbei. Ein Jahr verstrich, und Michajla geriet in Vergessenheit.

Und wieder stand Ostern bevor, da erschien im Dorf ein Mann, mit dem Waldschrat war er bekannt. Und er ging zu Tichon, dem Alten.

«Ich kenne deinen Michajla», sagte er, «er lebt

beim Waldschrat auf einer Halbinsel abseits im Wald, einen mächtigen Bart hat er... Willst du, so führe ich dich zu ihm.»

Und er zog von dannen, der Bekannte des Waldschrats; die Alte aber sprach zu Tichon, dem Alten: «Laß uns den Sohn besuchen!»

«Das hat noch gefehlt! Soll er ruhig im Walde leben.»

Der Alte wollte nichts wissen von ihm.

Und es kam Ostern, und der Alte ging in die Kirche, die Alte aber blieb daheim. Und als die Prozession um die Kirche schritt, klirrte es im Haus, hell ertönten die Scheiben.

4

Böse war Michajla, daß die Alten ihn nicht besucht, böse, daß sie ihn aufgegeben hatten. Und Michajla sehnte sich nach Haus, nur ein Stündchen wollte er daheim verbringen, mit Menschen auf Menschenart beisammensein. Er war es satt, beim Waldschrat zu dienen.

Die Waldschrätin aber war ein herzliches Weib – auch sie war vom Waldschrat entführt worden –, und sie hatte Mitleid mit Michajla.

«Mischka, du Unglückseliger, du», sprach sie, «will dich der Waldschrat bewirten, so iß nicht.»

Als der Waldschrat heimkam, bereitete ihm die Waldschrätin ein Nachtmahl, und der Waldschrat bat auch Michajla zu Tisch. Michajla aber lehnte ab.

«Ich bin satt!» sprach er und nahm nicht Platz.

Da wollte auch der Waldschrat nicht essen.

«Auch ich bin satt», sagte er, «hab mich bei den Weibern mit Milch gemästet. Diejenige, die ohne sich vorzusehen abzapft, bei der trink ich, dann spucke ich in den Milchkrug – und der Krug füllt sich von neuem… und die Leutchen saufen alles.»

Michajla aß einen ersten Tag nicht, einen zweiten nicht, einen dritten nicht, und wie sehr ihn der Waldschrat auch bewirten mochte, er lehnte ab.

Die Waldschrätin aber sagte zum Waldschrat: «Laß diesen Burschen laufen. Was hast du doch für Unglück über ihn gebracht; er lebte gut, jetzt hingegen ißt er kein Brot; setz ihn am alten Ort ab, er bringt keinen Nutzen.»

Der Waldschrat gehorchte, nachgiebig war er, packte den Burschen, zerrte ihn aus der Hütte und führte ihn an den alten Ort, zum Meer, wo die Fischernetze lagen; daselbst warf er ihn ab.

Nur mit Mühe kam Michajla zu sich, nur mit Mühe schleppte er sich bis zum Hause der Alten. Und wofür hatte der Unglückliche so leiden müssen! Die Alte und der Alte erkannten den Sohn kaum wieder: schwarz war er, hatte einen riesigen Bart, sagte kein vernünftiges Wort, wie hätte er reden können – drei Jahre litt er, der Ärmste.

Die Alten konnten den Sohn kaum wiedererkennen. So ging die Sache aus.

1911

Das Kirchengeläut

Es lebte einmal ein Alter im Walde. Der Alte hatte sich in den Wald zurückgezogen, um Gott zu gefallen und Gebete zu lallen. Viele Jahre schon lebte der Alte im Wald, betete ohne Unterlaß. Und je mehr er betete, desto deutlicher spürte er, daß sein Leben immer gottgefälliger wurde – er würde von Gott alles erfahren und ein Heiliger werden. So lebte der Alte.

Da kam Gott weiß was für ein Pilger zum Alten, ein blinder Sänger war's, der umherzog.

«Grüß Gott, Faulpelz des Waldes!» sagte er.

Der Alte gab sich gekränkt: «Was heißt hier Faulpelz; ich bete zu Gott, mühe mich ab, verrichte Arbeit, schwitze!»

«Schwitzen tust du wohl», sagte lächelnd der Pilger, «aber du weißt nicht einmal, wann man zum Gottesdienst läutet, am Morgen und zur Mittagszeit! Der fromme Bauer auf dem Feld, der weiß es.» Und ging davon.

Ging weiter, dieser fremde Pilger, dieser fahrende Sänger, ging davon, und der Alte blieb allein und fing zu grübeln an.

«Wie ist es nur möglich; da hat unsereiner so viele Jahre im Walde verbracht, sich in den Wald zurückgezogen, um Gott zu gefallen und Gebete zu lallen, und gedacht, daß er Gott kennt und ein Heiliger wird, und weiß dabei nicht, wann man zur Frühmesse läutet?»

Da beschloß der Alte, aufs Feld zu gehen und einen Menschen zu suchen, der das Kirchengeläut hört.

Und der Alte verließ seinen Wald und trat aufs

freie Feld hinaus, da sieht er einen Bauern, der das Feld pflügt.

«Grüß Gott!» sprach der Alte und ging zum Pflüger.

«Gott sei mit dir, guter Mann!» begrüßte ihn der Pflüger und fuhr mit Pflügen fort.

Und schon wollte der Alte weiterziehen: was sollte er von diesem schäbigen Bäuerlein auch erfahren? Da besann er sich, setzte sich auf den Rain, um auszuruhen, und versank in Gedanken.

Da sitzt der Alte auf dem Rain, formt ein Gebet, der Pflüger aber pflügt noch immer. Und lange saß der Alte, und wiewohl er sich nur von Wurzeln ernährte, mußte er an die Wurzeln denken, der Pflüger aber pflügt noch immer.

Lange geduldete sich der Alte, dann stand er auf.

«Hast du schon zu Mittag gegessen, guter Mann?» fragte der Alte, er konnte es nicht länger aushalten, war aufgestanden.

«Was redest du schon vom Mittagessen, noch ist nicht einmal das Kirchengeläut erklungen!» antwortete der Pflüger und fuhr mit Pflügen fort.

Und abermals setzte sich der Alte auf den Rain: der Hunger war vergessen, und auch das Gebet ließ er aus; er sitzt nur und wartet, spitzt die Ohren, ob das Kirchengeläut ertönt.

Der Pflüger hatte nun einen Streifen Ackerland gepflügt, da hielt er sein Pferd an, nahm die Mütze ab und bekreuzigte sich.

«Warum hast du, guter Mann, dich bekreuzigt?»

«Eben ist die Glocke erschallt, hat das Kirchengeläut begonnen; es ist Zeit, Mittag zu essen», sagte der Pflüger, holte eine Scheibe Brot hervor, setzte sich hin und ließ sich's schmecken.

Der Alte aber spitzt die Ohren – und hört nichts, hört keinerlei Geläut.

Und lange stand der Alte und hörte gar nichts. Da erst wurde ihm klar, daß der Pflüger, dieses schäbige Bäuerlein, mehr von Gott wußte als er.

Und der Alte kehrte in den Wald zurück und fing erneut zu beten an und betete ohne Unterlaß und ward ein Heiliger.

1911

Der goldene Kaftan

Es war einmal ein Alter, der lebte von Almosen – bettelarm war er, zerlumpt, nur einen Kaftan trug er über den Schultern, aber auch der war voller Flicken. Da ging der Bettler zu einem Gutsbesitzer, Almosen zu erbitten. Und dieser gab ihm – er war ein guter Mensch und half den Armen. Und der Bettler bat um ein Nachtlager. Und der Hausherr gewährte es ihm: wie sollte er es ihm abschlagen – der Alte war kränklich, und wo sollte er über Nacht schon hin, trug er doch nur einen Kaftan auf den Schultern, und auch der war voller Flicken. In der Nacht aber wurde der Bettler ernstlich krank, gegen Morgen war's nicht besser, sein Leben hing nur noch an einem Fädchen; so lag er darnieder und starb.

Was sollte der Hausherr mit dem Kaftan tun, wohin ihn verstauen: ein Flicken neben dem andern, und schmutzig ist er dazu. Man heizte gerade den Ofen, und so nahm der Hausherr den Kaftan und warf ihn ins Feuer. Das Feuer ging aus.

«Nun gut», dachte er sich, «so werf ich ihn eben in den Fluß!»

Nahm den Kaftan und ging zum Fluß. Als er ihn jedoch versenken wollte, versank dieser nicht: der Kaftan sank nicht auf den Grund, auch trug es ihn nicht fort.

Da kehrte der Hausherr wieder um.

«Nun will ich mal herausfinden», dachte er sich, «was für ein merkwürdiges Ding dieser Kaftan ist!»

Der Kaftan aber bestand aus lauter Flicken,

und schmutzig war er, daß einen widerte, ihn anzurühren.

Da trennte der Hausherr einen Flicken auf, und Geld fiel zu Boden. Und wie viele Flicken er auch auftrennen mochte, aus jedem kollerte Geld. Viel Geld hatte er herausgetrennt! Er zählte und kam auf tausend.

Ein ganzes Tausend! Was soll er mit dem Geld? Der Hausherr wußte nicht, was er mit dem Geld anfangen sollte.

Da traf es sich, daß ein fahrender Sänger vorbeizog, ein weiser Alter – er hatte viel gesehen und gehört, der Weise. Der Hausherr wandte sich an den Sänger und erzählte ihm alles.

«Was soll ich», fragte er, «mit dem Geld?»

«Nimm das Geld», sagte der Sänger, «geh auf den Markt und kaufe ein Schwein und füttere es, solange das Geld ausreicht.»

Der Hausherr tat so. Er kaufte ein Schwein und begann es zu füttern. Ein erstes Jahr fütterte er es, ein zweites, ein drittes. Solange das Geld ausreichte, fütterte er es. Als das Geld zur Neige ging, konnte er es nicht weiterfüttern, und wieder wußte er nicht, was er tun sollte.

Da liegt das hungrige Schwein, er aber kreist um das Tier und weiß nicht, was er mit dem Schwein anfangen soll. Da sieht er: der fahrende Sänger kommt daher, der weise Alte. Und eilte zum Sänger.

«Ich habe kein Geld mehr, das Schwein zu füttern, das Futter ist alle!»

«So treib das Schwein hinaus auf die Straße», sagte der Sänger, «und folge ihm und bewach es!»

Der Hausherr tat so. Er trieb das Schwein hinaus, und das Schwein zog los, und er folgte dem

Schwein; wohin das Schwein ging, ging auch er. Und er ging einen ersten Tag, einen zweiten, einen dritten.

Da kam das Schwein zu einer Wiese: eine weite grüne Wiese war's, in der Mitte floß ein Flüßchen, auf dem Fluß aber fuhr ein feuriges Feuerrad, darin viel Volk saß, auch jener Bettler.

Das Schwein jedoch sprang gleich ins Wasser, und schnurstracks zum Rad.

Dann verwischte sich alles: kein Fluß, keine Wiese, kein Schwein – nur ein leeres Feld. Und der Hausherr schritt über das leere Feld heimwärts, allein, ohne das Schwein.

Da kam ihm der fahrende Sänger entgegen, der weise Alte.

«Nun, was ist mit dem Schwein?» fragte der Sänger, als freute er sich.

Da erzählte ihm der Hausherr, was sich zugetragen.

«Nun, mein Kind», sprach der Sänger, «dieser Bettler zog umher und bat um Almosen; er mühte sich nicht, versteckte die fremden Kopeken, sparte viel Geld, ein ganzes Tausend, und nahm es jenen weg, die es mühsam und bitter verdient – aber das Geld verbrennt, und alles wird eingezogen. So straft uns Gott für unsere Sünden!»

1911

Die fremde Schuld

Es war einmal ein vermögender Mann, ein mächtiger Gutsbesitzer. Er hatte Frau und Kinder. Und sie lebten zufrieden und in Eintracht: kein Streit, kein lautes Wort, nichts dergleichen. Iwan hatte stets im Hause zu tun – wie es sich für einen Hausbesitzer gehört! War geschäftig und rege: nie hat er Zeit, jemanden anzusehen, geschweige denn, ein Wörtchen mit ihm zu wechseln, immer nur die Arbeit, ob in Tat oder Wort. Die Hausherrin indes war anders: lieber sparte sie bei den eigenen Leuten und gab fremden – gutherzig war sie.

Es kam ein Feiertag: Iwan ging mit seiner Frau in die Kirche, hörte sich die Frühmesse an und betete zu Gott. Ein jeder betet auf seine Art, Iwan aber wollte auch mit Gott nur über seine Angelegenheiten reden und bat Gott um Beistand für Haus und Hof. Und wie sie vom Gottesdienst heimkamen, setzten sie sich zu Tisch und nahmen das Mittagsmahl ein.

Nach dem Mittagessen mußte Iwan kurz eingeschlafen sein: ihm träumte, die entschlafene Gottesgebärerin und Himmelskönigin schwebe über dem Tisch, und er sieht sich selbst und seine Frau, die Hausherrin – seine Frau aber trägt einen goldenen Kranz.

Da erwachte Iwan und zerbrach sich von Stund an den Kopf: warum trug seine Frau einen goldenen Kranz, er aber nicht? Und er begann, über sein reiches, geschäftiges und fürsorgliches Leben nachzudenken, und je länger er nachdachte, desto häufiger sagte er sich, daß dieses reiche und geschäftige Leben nicht das rechte Leben sei, daß ihm hierfür kein goldener Kranz zuteil würde.

«Ich will den Reichtum aufgeben und wie ein armer Bauer leben oder mich als Arbeiter verdingen!» beschloß Iwan.

Und Iwan gab seinen ganzen Reichtum auf und sein Haus, verließ Frau und Kinder, vermachte ihnen seinen Besitz und ging mit leeren Händen davon; was er anhatte, war ihm genug.

In der Fremde verdingte sich Iwan als Arbeiter bei einem Herrn, jede Arbeit verrichtete Iwan. Und Iwan gefiel seinem Herrn: alles führte er aus, war allzeit bereit, mochte man ihn ins Wasser schicken oder sonstwohin, er macht alles. Die Hausherrin aber liebte ihn nicht und ging kurz entschlossen zum Hausherrn und erzählte ihm, was sie sich ausgedacht.

«Da hältst du Iwan schon ein Jahr», sprach sie, «er aber ist über mich hergefallen, hat mir das Hemd und den Sarafan zerrissen und mich bis auf die Haut entblößt!»

Da rief der Hausherr Iwan zu sich. «Was hast du getan, Iwan?»

Iwan aber zögerte nicht und bekannte sich schuldig, als hätte er wirklich eine Sünde begangen – fremde Schuld lud er sich auf.

Da zürnte der Hausherr und sperrte ihn zur Strafe an einen dunklen Ort, in eine kalte Kammer. Und ließ ihn nicht heraus, so groß war sein Zorn.

Iwan jedoch starb dort, an jenem dunklen Ort, in der Kälte, ohne Nahrung – starb mit der fremden Schuld auf dem Herzen.

Iwan war tot.

Da strömte Weihrauchduft durch das ganze Haus. Und der Weihrauchduft erfüllte das Haus und die Zimmer, und niemand erriet, woher dieser Duft entströmte.

«Was ist das nur», sprach der Hausherr, «woher mag dieser Weihrauchduft kommen?» Da ging ihm ein Licht auf, und er gedachte Iwanuschkas.

Da bekannte die Hausherrin ihre Schuld, doch zu spät: Iwanuschka war tot, der heilige Mann.

1911

Der ersehnte Gast

Es war einmal ein reicher Mann, der war so reich, daß er sich an den Tisch setzte und so lange aß, bis er nur mit Mühe aufstehen konnte – vor lauter Überfluß.

In Freundschaft, Eintracht und Zufriedenheit lebte der Reiche mit seiner Familie: die Frau war eine tüchtige Hausherrin, die Kinder alle brav und rechtschaffen – eine wahre Augenweide, diese Söhne und Töchter!

Mit Armen hatte der Reiche keinen Umgang, seinen bettelarmen Bruder empfing er nicht. Es lebte in seinem Hause aber ein krankes Tantchen, wegen ihrer Armut beherbergte er sie: und die Alte betete für sein Seelenheil. Auch an seine Seele dachte der Reiche – Ehre, wem Ehre gebührt! –, ein frommer Hausherr war er.

Im Haus herrschte Wohlstand. Und auch für die Seele war gesorgt. Was wollte er mehr? Den Reichen aber verlangte, daß Gott selbst zu ihm käme. Und so ging er in die Kirche, um Gott zu Gast zu bitten.

Und der Reiche befahl, daß man von seinem Haus bis zur Kirche Teppiche ausbreite, dann verrichtete er sein Gebet, kehrte heim und setzte sich ans Fenster, um zu warten. Und er wartete bis zum Abend.

Wenn Gott nicht kommt, so komme doch irgendwer!

Nachts aber starb das kranke Tantchen, die Alte.

Und man beerdigte das Tantchen und las die Totengebete, hatte sie doch für das Seelenheil des Hausherrn gebetet! Gott aber ließ auf sich warten – kam nicht zu Besuch.

Am Tag der Bestattung betrat gegen Abend ein alter Bettler das Haus. Der Bettler bat um ein Nachtlager.

Der Reiche wollte den Bettler nicht einlassen, doch besann er sich – und man ließ ihn ein. Der Alte bat um Speis und Trank, im Namen Christi bat er darum. Und man gab dem Bettler einen Knochen, der vom Nachtmahl übriggeblieben war, und wies ihm das Kämmerchen zu, wo die Alte gestorben, dann gingen alle zu Bett.

Der Alte übernachtete; er dankte den Gastgebern und zog seines Weges.

Der Reiche aber fand keine Ruh, blickte immerfort durchs Fenster auf den Weg: hielt Ausschau nach Gott, erwartete ihn zu Besuch.

Wenn Gott nicht kommt, so komme doch irgendwer!

Und wie schon so oft, nachdem er umsonst gewartet, legte sich der Reiche schlafen. Da erschien ihm das verstorbene Tantchen im Traum. Und das Tantchen schalt ihn, daß er den alten Bettler in ihrem schwülen, engen Kämmerchen untergebracht hatte.

«Du bist in die Kirche gegangen», sagte vorwurfsvoll das Tantchen, «hast Gott zu Gast gebeten, Teppiche ausgebreitet, Gebete verrichtet, Gott aber hast du übersehen! Wie hast du den Alten bewirtet! Einen Knochen hast du ihm hingeworfen wie einem Hund! Dabei war Gott selbst bei dir zu Gast.»

Da erwachte der Reiche, wurde traurig und fing heftig zu weinen an, daß er den Gast so schlecht empfangen. Doch was sollte er tun, er mußte den Alten einholen, zurückbringen und alles wiedergutmachen.

Und der Reiche brach auf, den Bettler zu suchen, seinen Gast, und überall fragte er, ob man ihn nicht gesehen.

«Wir haben ihn nicht gesehen», sagten alle.

Keiner hatte den Bettler gesehen. Der Reiche aber gab nicht auf, ging immer weiter, immer weiter weg von zu Hause, und fragte nach seinem Gast. So verließ der Reiche sein Haus, seine Familie und seinen ganzen Reichtum und kehrte nie mehr zurück.

1910

Das Osterfeuer

Es war einmal ein armer Mann, der war sehr arm, doch schämte er sich, zu betteln. Manchmal hatte er nichts zu essen... nicht ein Krümelchen war im Haus, aber er stand's durch und sagte niemandem ein Wort. Alles ertrug der Arme stillschweigend. Denn besser ist es, im Unglück zu schweigen. Zwar fehlt es nicht an Menschen, die helfen könnten! Aber wem ist danach? Ein jeder hat seine Arbeit, seine Sorgen – ein jeder denkt an sich selbst! So hat's der Herr nun mal eingerichtet.

Es kam die Osternacht, und der Arme hatte kein Feuer, nicht einmal den Ofen konnte er heizen. Was war da zu machen? Der Alte nahm sich zusammen, doch schließlich verlor er die Beherrschung und fiel in Trauer und Betrübnis. Und er ging zu den Nachbarn und bat demütig darum. Doch keiner gab ihm Feuer. Und der Arme ging von Haus zu Haus. Aber keiner gab ihm Feuer.

Und schon war die Osternacht gekommen, schon ertönte das Glockengeläut, da betrat der Arme die letzte Hütte.

In der Hütte brannte der Ofen, und auf der Bank lag ein Toter, sonst war niemand da.

Da betete der Arme und setzte sich auf die Bank. Und plötzlich überfiel ihn solche Bitterkeit, solches Elend, daß er den Toten zu wecken begann, um mit dem Toten zu reden.

Und der Tote stand auf. «Was begehrst du?»

Der Arme aber bat ihn um Feuer.

Der Tote stand auf, ging zum Ofen, nahm den Kohlebehälter, gab ihn dem Armen und sprach:

«Kommst du nach Hause, so kipp ihn auf den Tisch!» Und legte sich erneut auf die Bank.

Der Arme war überglücklich – gar nicht auszusprechen –, nahm den Behälter und lief nach Haus, so schnell ihn die Beine trugen.

Daheim kippte er die Kohlen auf den Tisch, wie ihn der Tote geheißen.

Und plötzlich erstrahlte die Hütte im Feuerschein, unter dem Feuerschein aber lag Gold, der ganze Tisch war mit Gold bedeckt.

Am nächsten Morgen war die Kunde schon zu den Nachbarn gedrungen. Und die Nachbarn kamen gelaufen: neidisch waren alle und wollten wissen, wie er diesen Reichtum erlangt.

«*Er* hat's gegeben!» sagte der Arme und erzählte, wie in der Osternacht in der letzten Hütte ein Toter aufgestanden war und ihm Feuer gegeben hatte und wie aus dem Feuer Gold wurde.

Da versammelte sich nachts alles Volk von allen Höfen, die Hütte des Toten aufzusuchen und den Toten um Feuer zu bitten.

In der Hütte brannte der Ofen, und auf der Bank lag ein Toter – das Volk stellte sich vor die Bank und begann mit gemeinsamen Kräften, den Toten zu wecken.

Und der Tote stand auf. «Was begehrt ihr?»

«Gib Feuer!»

Der Tote stand auf, ging zum Ofen, nahm den Kohlebehälter, gab ihn dem Volk und sprach: «In der Mitte des Dorfs kippt ihn nicht aus; kommt ihr aber in eure Hütte, stellt ihn daselbst schön in die Mitte!» Und legte sich erneut auf die Bank.

Da nahm ein jeder rasch eine Kohle und eilte nach Hause – in der Hand trug er sie, um das kostbare Gut nicht zu verlieren.

Und wie der Tote geheißen, legte ein jeder die Kohle schön in die Mitte des Hauses.

Plötzlich erstrahlten die Hütten im Feuerschein, und das Feuer griff auf die Wände über – Flammen züngelten, und ein Brand hub an, so gewaltig, daß alles in Schutt und Asche fiel.

Kein Märchen ist dies, sondern die Wahrheit.

1910

Die Fischköpfe

Es war einmal ein Alter mit seiner Frau. Sie lebten in Armut. Wie hätten sie auch reich werden können – sie waren nicht mehr jung und ihre Arbeit bescheiden, ein kleines Gewerbe. Doch hatten sie einen Enkel, Petka geheißen. Den Enkel liebten sie sehr.

«Petka, Petka!» tönte es immer, nur von Petka redeten sie.

Doch hatte der Alte, außer Petka, noch eine andere Sorge: zu seinem Unglück ward ihm bekannt, daß beim See ein Schatz zu heben sei – Gold. Sollte es ihn auch den Kopf kosten, der Schatz muß her!

Der Alte schwieg über den Schatz und sagte niemandem ein Sterbenswörtchen – weder der Alten noch Petka. Doch bei jeder Gelegenheit ging er heimlich zum See, um zu graben. Viele Jahre ging der Alte zum See, grub und suchte nach dem Schatz, doch der Schatz blieb verborgen.

Eines Tages ging der Alte wieder graben – er hatte ein hübsches und vielversprechendes Plätzchen gefunden, das mochte er gern –, und er grub vor sich hin und spuckte in den Handteller. Da hörte er plötzlich eine Stimme: «Was mühst und quälst du dich vergeblich ab, Alter! Der Schatz ist dein, nur gib mir den Kopf.»

Da ließ der Alte den Spaten fallen und griff sich an den Kopf: er weiß nicht, soll er sich freuen oder fürchten.

«Welchen Kopf? Wessen Kopf?»

Und der Alte machte sich auf den Heimweg

und dachte immerfort nach. Außer der Alten und dem Enkel hatte er niemanden. Sollte er am Ende nicht den eigenen Kopf hergeben? Er überlegte lange und beschloß zuletzt, Petkas Kopf zu opfern. Wie viele Jahre hatte er sich doch als alter Mann abgequält und endlich den Schatz entdeckt. Sollte er wegen eines Kopfes auf das wertvolle Gut verzichten? Wieviel Gold mußte da verborgen sein, und das Gold gehörte ihm! Ja, er würde Petkas Kopf opfern.

«Petka ist ein dummer Junge, ein Kind, er kommt gleich in den Himmel!»

Der Alte kehrte heim und sprach zur Alten: «Back mir eine Fischpirogge, Alte, ich geh morgen mit Petka zum See, Fischchen angeln.»

Am Morgen buk die Alte eine Fischpirogge, und der Alte verstaute die Pirogge und das Anglergerät und machte sich mit Petka zum See auf, zu jenem Ort, wo der Schatz verborgen war.

Sie gingen zum See – Petka voran, der Alte hinter ihm. Ein flinkes Bürschchen war Petka: mal unterhielt er sich mit den Vögeln auf Vogelart, mal lief er wie auf Marderpfötchen, daß selbst der Marder ihn nicht einholen konnte! Schnell war er, schnell wie ein Blitz.

Der Alte hatte Mitleid mit dem Enkel, doch der Schatz – der mußte her.

Sie kamen zum See. Da gelüstete es den Alten, ein wenig zu essen. Sie setzten sich auf einen Stein, der Alte brach die Fischpirogge entzwei, reichte dem Enkel ein Stück und begann selber zu essen. Die Fischlein in der Pirogge waren sehr klein, und Petka verschlang auch die Gräten, der Alte aber entfernte die Köpfe und warf sie fort.

«Welch ein dummes Weib», dachte der Alte,

«kurzsichtig wie sie ist, hat sie all dies kleine Zeug mitgebacken und die ganze Pirogge verdorben! Ich esse nur fertig, dann muß der Junge dran glauben.»

Doch plötzlich hörte er eine ihm vertraute Stimme: «Die Köpfe reichen mir, Alter; nimm den Schatz und geh nach Haus!»

Der Alte verschluckte vor lauter Freude fast eine Gräte und fing gleich zu graben an. Aus der Erde aber ragte an selbigem Ort ein Topf, und der Topf war voll Gold. Da verstaute der Alte das Gold und eilte heim zu seiner Alten.

Was sie nicht alles vermögen, diese Fischköpfe!

1911

Die Eselsohren

Es war ein Zar, der hatte einen Diener. Kraft hieß der Diener. Und Kraft diente dem Zaren in Treu und Glauben. Er war ein Meister in allen Dingen, verstand es, Bären aufzubinden, doch konnte er seine Zunge auch im Zaum halten – gewandt war er. Und der Zar liebte Kraft und nahm ihn stets mit und schmückte ihn täglich mit Goldmedaillen.

Da geschah es einmal, daß der Zar eines Morgens sein Haar mit Kwaß einrieb, und wie er über das Haar fuhr, entdeckte er, daß er Eselsohren hatte.

Er eilte sofort zum Spiegel: Eselsohren hatte er, fürwahr.

Welch ein Unglück: in einer einzigen Nacht waren ihm Eselsohren gewachsen!

Und der Zar befahl seinem Diener in aller Strenge: «Sag es keinem, verbreite es nicht unter den Leuten!»

Kraft war wie ein Grab, nicht einmal seinem leiblichen Vater verriet er ein Sterbenswörtchen.

Der Zar aber versteckte die Ohren unter der Krone und regierte, als wäre noch alles beim alten.

Nun gut. Kraft hielt es lange aus, ohne einen Mucks zu sagen, doch das Schweigen fiel ihm schwer: nachts träumte er von den Ohren, und am hellichten Tag erschienen sie ihm.

Da hielt es Kraft nicht länger aus, lief aus dem Palast und schnurstracks auf die Straße, wo das Volk sich erging. Neben der Straße riß er ein Stück Erde auf und warf sich zu Boden.

«Dem Zaren», flüsterte er, «sind Eselsohren gewachsen, und keiner weiß es.»

Sagte es und lief zurück. Und es war ihm so leicht und fröhlich zumut, als wäre ihm eine Last von den Schultern gefallen.

Der Zar aber konnte sich seines Dieners nicht genug rühmen: unbezahlbar sei er – ein treuer Diener sei Kraft.

Und wie eh und je nahm er ihn überallhin mit und schmückte ihn täglich mit Goldmedaillen.

Nun gut. An der nämlichen Stelle aber, wo Kraft mit der Erde Zwiesprache gehalten, wuchs aus der kleinen Vertiefung ein Bäumchen hervor – eine Birke. Und eines schönen Tages machte der Zar mit seinem Diener eine Spazierfahrt, und wie sie vorbeifuhren, begrüßte die Birke den Zaren.

«Der Zar», sprach sie, «hat Eselsohren!»

Da geriet der Zar in Verwirrung.

«Halte das Pferd bei der Birke an!» sprach er zu seinem Diener, er selbst aber fragte ganz leise: «Was grüßt mich die Birke?»

Kraft sah, daß die Sache schlecht stand, und fiel dem Zaren zu Füßen.

«Lang hielt ich's aus, sehr lange, doch dann ging's nimmer, und ich riß ein Stück Erde auf und flüsterte ihr zu, daß der Zar Eselsohren habe. Jetzt ist diese Birke gewachsen und verkündet es laut.»

«Nun», sprach der Zar, «konnte es Mutter Erde nicht aushalten, wie erst ein Getaufter! Der Stein ruft aus der Wand, und der Balken redet.»

1909

Das Mausjunge

Es war einmal ein Alter mit seiner Frau; gottesfürchtig waren die Alten, ließen nicht einen einzigen Gottesdienst aus, und fand mitunter keiner statt, schlenderten sie einfach um die Kirche herum. Und jedermann achtete die Alten und stellte sie als Beispiel hin.

Eines Tages kamen sie aus der Frühmesse – es war am Feste des Schutzheiligen der Kirche – und eilten nach Hause, um die Pirogge aus dem Ofen zu nehmen: die Alte nämlich, des Alten Frau, buk solche Piroggen, daß man sich alle Finger danach leckte. Und wie sie so gingen, sahen sie einen Greis, der lud die Gläubigen zum Essen ein.

«Die andern lädt er ein, uns aber nicht», sprach die Alte zum Alten; «würde er uns einladen, könnten wir schauen, was für Speisen es zu essen gibt.»

Der Greis aber trat auch zu ihnen heran und lud sie zu sich. Und sie gingen. Und wie sie zum Alten kamen, war da viel Volk um den Tisch versammelt, und kein einziger Platz mehr war frei.

Der Hausherr aber sprach: «Nun, meine lieben Alten, so müßt ihr denn später essen, nehmt mir's nicht übel!»

Was war da zu machen: sie mußten eben warten, kein Platz war mehr frei.

Und die Gäste speisten, dankten für das Mahl und brachen auf. Da bat der Hausherr die beiden Alten zu Tisch, trug selbst die Schüssel herein, stellte sie auf, hob den Deckel hoch, legte ihn wieder auf die Schüssel – sie sahen nicht, was er hineingetan hatte, ich jedoch sag's: ein Mausjunges – und ging hinaus.

Die Alte aber sprach zum Alten: «Laß mal sehen, es ist sicher was Feines.»

«Greif zu, Alte!»

Doch wie sie den Deckel hoben, um zu sehen, was in der Schüssel war – was mag es nur sein? –, hüpfte ein Vöglein oder dergleichen heraus, und nichts mehr war drin.

Der Gastgeber kam zurück. Die beiden Alten standen auf, dankten für Speis und Trank und gingen nach Haus.

Dort aber war alles hin: die Pirogge im Ofen verbrannt!

Da fiel der Alte über die Alte her, die Alte über den Alten, einer über den andern: und da sie nur die Zunge gewetzt, blieben sie hungrig. Ach, dieses Mausjunge!

1909

Der Löwe

Ein Recke ritt über das weite Feld, da verschied sein Pferd. Und der Recke ging zu Fuß, auf seinen eigenen zwei Beinen weiter. Da sah der Recke, daß auf dem Weg die Schlange mit dem Löwen kämpfte – sie hatten die Erde zerstampft, und keiner konnte den andern schlagen.

«He, Recke», schrie die Schlange, «hilf mir den Löwen besiegen!»

«He, Recke», brüllte der Löwe, «hilf mir die Schlange besiegen!»

Der Recke überlegte lange hin und her und beschloß endlich, für den Löwen einzutreten. «Die Schlange ist und bleibt eine Schlange, nichts hab ich von ihr zu erwarten!» dachte er sich.

Also half der Recke dem Löwen.

Der Löwe warf die Schlange zu Boden und riß sie entzwei. Und sie töteten die Schlange.

Danach fragte der Löwe den Recken: «Was wünschst du dir, Recke, zum Lohn?»

«Ich habe kein Pferd», sprach der Recke, «zu Fuß aber, auf den eigenen zwei Beinen, fällt mir das Gehen schwer; bring mich in die Stadt!»

«Sitz auf und halte dich fest», sagte bereitwillig der Löwe.

Da setzte sich der Recke auf den Löwen, und der Löwe lief über das weite Feld, durch den dunklen Wald, über hohe Berge, durch tiefe Flüsse – alles überwand er.

Und der Löwe lief über die grünen Wiesen und hielt vor dem Stadttor an.

«Sag keinem, daß du auf dem Löwen geritten bist», sagte der Löwe, «sonst freß ich dich auf. Ich bin nämlich der König! Würde ich Menschen herumtragen, wäre ich kein König mehr.»

Und der Löwe ging über das weite Feld, der Recke aber in die Stadt.

Der Recke kam zu seinen Freunden, und die lachten ihn aus, daß er zu Fuß war.

Der Recke verteidigte sich. «Mein Pferd», sagte er, «ist verreckt.»

Später aber, als er getrunken hatte und fröhlich und angeheitert war, erzählte er, wie es sich zugetragen: daß er auf dem Löwen höchstpersönlich hergeritten war.

Nachdem er mit den Freunden gesessen, brach der Recke auf, ein Pferd zu suchen.

Kaum hatte er die Stadt verlassen, tauchte auch schon der Löwe auf: der Löwe lief zum Recken, mit offenem Rachen und bleckenden Zähnen.

«Was hast du dich gebrüstet», sprach er, «daß du auf mir geritten bist? Ich hab dich gewarnt, du aber warst nicht folgsam – ich fresse dich auf!»

«Verzeih», sprach der Recke, «ich hab mich mit dir nicht gebrüstet.»

«Was heißt: nicht gebrüstet! Du hast doch gesagt, daß du auf dem Löwen geritten bist.»

«Nicht doch, Löwe, nicht *ich* hab's gesagt – die Trunkenheit.»

«Was für eine Trunkenheit?»

«Versuch es selbst, dann siehst du's.»

Der Löwe willigte ein.

Da rollte der Recke drei Vierziglitterfässer mit Branntwein heran.

Der Löwe leerte das erste Faß, leerte das zweite, vom dritten aber kostete er nur wenig, da war er betrunken: er lief und lief und fiel schließlich hin und schlief ein.

Als der Löwe schlief, rammte der Recke einen Pflock in den Boden und band den Löwen an die oberste Spitze.

Da erwachte der Löwe, kam zur Besinnung und war baß erstaunt: wie konnte er es sich einfallen lassen, eine solche Höhe zu erklimmen, da kommt er nie mehr herunter.

«Na siehst du, wozu dich die Trunkenheit gebracht hat!» sprach der Recke. «Weißt du nun, was Trunkenheit ist?»

«Ich weiß es, ich weiß» – der Löwe war zu allem bereit –, «nur hol mich da herunter, sonst stürz ich noch zu guter Letzt; peinlich wäre das: mit all dem Volk ringsum!»

Da befreite der Recke den Löwen, und der Löwe lief über das weite Feld davon: an die Trunkenheit wird er sich erinnern – welch eine Schande!

1909

Die unglückliche Not

1

Es waren einmal zwei Brüder, der eine war arm, der andere reich. Der arme hieß Iwan, der reiche Stepan.

Dem reichen Stepan wurde ein Sohn geboren. Zur Taufe lud Stepan Bekannte und Freunde ein und vergaß auch den armen Bruder nicht, den Iwan.

Ehrenvoll begingen sie die Taufe, die Gäste aßen und tranken nach Herzenslust, angeheitert waren sie alle, fröhlich und zufrieden.

Auch Iwan hatte sich vollaufen lassen; betrunken wankte er nach Hause, und betrunken wie er war stimmte der Arme ein Lied an. Er singt, will von nichts wissen, will alles vergessen, da ist ihm, als sänge jemand leise mit, traurig und mit schwacher Stimme, als wär's ein Kind.

Iwan hörte auf zu singen, blieb stehen und horchte.

Aber er hörte nichts, niemand war in der Nähe – oder schweigt er nur?

«Wer ist da?» rief der Arme.

«Ich.»

«Wer ist das: ‹Ich›?»

«Dein Elend, deine Not – deine unglückliche Not.»

Da riß Iwan die Augen auf – sieh mal, da steht... ein altes Weib, winzig klein, ragt kaum über den Boden, runzlig und grau, in Lumpen gekleidet, verwahrlost und weinerlich – zum Erbarmen.

«Nun?» Iwan betrachtete das Weib, betrachtete es lange, «was sollst du vergeblich herumstreunen, setz dich zu mir in die Tasche, ich bring dich nach Haus.»

Da nickte das alte Weib, zwinkerte, verzog den Mund zu einem Lächeln – freute sich! – und sprang mit einem Satz in Iwans Rocktasche, zuinnerst hinein.

Iwan griff mit der Hand an die Tasche und schnürte sie fest zu...

«Sie springt mir nicht heraus!» Und ging seines Weges, ein Lied trällernd.

Iwan sang – betrunken wie er war –, in seiner Tasche aber saß das armselige alte Weib, sein Elend, seine Not, seine unglückliche Not, und warm und friedlich war ihr zumut, und sie sang ganz leise und traurig mit, wie ein Kind.

Als Iwan sich nach Hause geschleppt, sank er vor Erschöpfung und Müdigkeit gleich ins Bett und fing zu schnarchen an und vergaß alle Sorgen, seine unglückliche Not und sein Elend.

Die Not aber saß bei ihm – hatte nichts vergessen, nichts vergißt sie –, wärmte sich im warmen Winkel, das ärmliche Weib, wärmte sich, strich sich die Runzeln glatt und lächelte: morgen wird sie sich ergehen, das Saufbrüderchen trösten und erheitern, ihren unglücklichen Tropf.

«Mein Lieber! Liebchen mein!» flüsterte sie schmeichlerisch, die Garstige.

Am Morgen kam Iwan zu sich, stand auf, doch wie er sich seines nächtlichen Fundes entsann, der in seiner Tasche verschnürt lag, wurde er nachdenklich: wie sollte er's anstellen, daß er diesen Gespan für immer los wird?

Iwan überlegte hin und her und kam endlich zu einem Entschluß.

Er holte ein Stück Holz und verfertigte daraus einen kleinen Sarg.

«Was tust du da?» fragte seine Frau, als sie das sah.

«Schweig, ich habe das Elend gefangen, unsere unglückliche Not; wir begraben das Elend, dann geht es uns gut.»

Und Iwan fertigte einen kleinen Sarg an, legte ihn mit Stroh aus, schnürte die Tasche auf, griff mit der Hand sachte hinein, fing das alte Weib und bettete es auf das Stroh im Sarge.

«Keine Angst, Mütterchen, hier wird's noch ruhiger sein...» Und er schlug rasch den Deckel zu und umklammerte ihn mit der Faust.

Seine Frau aber hält schon die Nägel bereit.

Und zu zweit nagelten sie den Sarg zu, darin die unglückliche Not, ihr Elend begraben war: jetzt hat sie Ruhe, und keiner wird sie mehr stören.

Und Iwan band den kleinen Sarg in ein Tuch, nahm ihn unter den Arm und eilte zum Friedhof; daselbst hub er ein kleines Grab aus neben des Onkels Grab, senkte den Sarg hinunter, schüttete das Grab zu und ging leichten Fußes nach Hause.

«Steigt das Weib vom Wagen, hat's die Stute leichter! Lange genug hab ich mich kümmerlich durchgeschlagen, viel Kränkungen hab ich, fürwahr, erduldet, doch jetzt bin ich das Elend los, und mächtig viel Glück wird sich über mich ergießen!» Pfeifend kehrte Iwan vom Friedhof zurück, führte Selbstgespräche und war sehr beschwingt; wie bequem war es, so zu gehen – frei von der unglücklichen Not, frei vom Elend: die Alte lag im Grab und würde nie mehr herauskommen, das garstige Weib würde ihn nie mehr belästigen – aber sieh mal, da schimmert etwas auf dem Weg.

Iwan bückte sich – auf dem Boden lag eine Goldmünze, hundert Rubel in Gold.

Das nennt sich Glück!

Iwan hob den Gulden auf und eilte unverzüglich zum Jahrmarkt, kaufte sich eine Kuh und ein Pferd und kehrte mit Kuh und Pferd und Geschenken zu seiner Frau zurück.

Und fortan lebte Iwan gut – die Kopeken häuften sich, und bald schon hatte es Iwan zu einem Vermögen gebracht. Er war reich, reicher noch als sein Bruder Stepan.

2

Als Stepan erfuhr, daß die Dinge des Bruders zum besseren standen, befiel ihn Neid.

Und Stepan suchte den Bruder auf und sprach zu Iwan: «Hast du lange in Armut gelebt, Iwan? Erklär mir doch, sei so gut, wie es gekommen, daß du nun besser lebst als ich?»

Iwan aber fühlte sich so unbeschwert ohne das Elend – was soll er sich vorsehen, es fiel ihm gar nicht ein, daß der Bruder etwas Böses im Schild führen könnte –, und so erzählte er freimütig von dem alten Weib, von der vergangenen Not, dieser Unglücklichen, und wie er sie fest in den Sarg eingeschlossen.

«Neben Onkels Grab auf dem Friedhof hab ich ein Grab geschaufelt und die Alte bestattet, die kommt nimmer heraus!» sagte heiter und sorglos Iwan zu Stepan.

Stepan aber hörte sich die Worte des glücklichen Bruders an, sagte nichts, sondern machte sich geradewegs – nicht nach Hause, nein – zum

Friedhof auf, zu Onkels Grab. Dort, auf dem Friedhof, schaufelte er das kleine Grab der Alten frei, öffnete den Sargdeckel und ließ die Alte heraus.

«Geh», sprach er, «Mütterchen, an deinen alten Ort, zu meinem Bruder Iwan.»

Sie aber, ach, war so heruntergekommen, sah noch erbärmlicher aus und trübseliger, alle Haare waren ihr ausgefallen – kahl ragt der Schädel –, und das Kleid war von Faulnis zersetzt...

«Ich geh nicht zu Iwan», krächzte die Alte und krümmte sich, «Iwan spielt sonst nochmals einen Streich mit mir, der Narr! Im Grab zu liegen ist kein Spaß: versuch mal, dich umzudrehen oder die Beine anzuziehen – den Rücken hab ich mir wundgescheuert, Arme und Beine sind mir erstorben. Du, Stepan, bist ein guter Mensch, du hast mich freigeschaufelt, so geh ich denn mit dir, Iwanytsch!» Und mit einem Satz war sie auf Stepans Schulter.

Stepan warf den Spaten zu Boden und lief, so schnell ihn die Füße trugen, davon, die kahle Alte aber sitzt auf seiner Schulter und krächzt ihm ins Ohr: «Ein guter Mensch bist du, Iwanytsch, mein Ernährer; aus dem Grabe hast du mich befreit und in Gottes weite Welt zurückgeholt, ich will mich ausruhen bei dir, und bin ich erst gesund, ach, Iwanytsch, so leben wir einträchtig zusammen, mein lieber Stepan Iwanytsch, mein Lieb, du mein Lieb!»

Stepan stürzte wie besessen ins Haus und schüttelte mit dem Kopf. Das alte Weib aber sprang in einem Satz von seiner Schulter auf den Ofen, hüpfte herum und verschwand in einer Schabenritze, da sitzt sie nun – die Verfluchte! – und atmet.

«Ich bin da», krächzte die Alte, «grüß Gott, Iwanytsch!»

Stepan suchte hier, suchte dort, doch fand er sie nirgends: die Alte war verschwunden, er konnte sie nicht sehen. Da erzählte er's seiner Frau, und sie suchten gemeinsam, tasteten alles ab, mit Feuer sogar, aber die Alte war nirgends. Verschwunden war sie, und Schluß.

Da löschten sie das Feuer und legten sich ruhig schlafen.

Nachts jedoch brannte das Haus nieder, und viel Geld ging verloren; nur mit Müh und Not retteten sie sich selbst und den Sohn.

Das nennt sich Unglück!

Da richtete sich Stepan notdürftig im heilen Speicher ein mit seiner Frau.

«Nun», denkt er, «ist's genug; jetzt ist sie wohl gesättigt, die Verfluchte, meine Not!»

Sie aber sitzt schon im Speicher, frei ist sie bei Stepan, kann gehen, wohin sie will: alles zerfrißt sie, alles verwandelt sie in Staub und Asche; er selbst hat sie freigeschaufelt, er selbst ist fortan der Unglückliche.

Es starb Stepans Pferd, es starb seine Kuh, alles ward zunichte. Da kratzte Stepan seine letzten Pfifferlinge zusammen – ein weniges war ihm noch geblieben – und kaufte sich damit ein Pferd. Wie soll man ohne Pferd wirtschaften, das Pferd ist das Wichtigste. Und Stepan kaufte ein Pferd und führte es heim, da sah er – es war eine Stute.

Das nennt sich Unglück!

Das Elend verzehrte Stepan, und mit dem Elend kam Mißgeschick, so weit hatte ihn das Elend gebracht!

«Was mußte ich diese Alte ausgraben, dieses gierige Elend; neidisch war ich, wollte gegen den Bruder hetzen, ja neidisch war ich, und was hab ich davon?»

Das nennt sich Unglück!

3

Da kam eines Tages Iwan zu Stepan.

«Warum lebst du so ärmlich, Bruder Stepan?»

«Unglück hat mich heimgesucht, Bruder: Unglück über Unglück.»

Da hatte Iwan Mitleid mit dem Bruder und trauerte mit ihm.

Als die Zeit kam, da er aufbrechen sollte, nahm Iwan Abschied, Stepan aber fiel ihm zu Füßen.

«Verzeih mir Sünder», sprach er, «ich hab deine elende Alte ausgegraben, wollte sie auf dich hetzen; da kam sie zu mir, neidisch war ich!»

«So bist du denn arm geworden!»

«Sie hat sich ins Haus geschlichen und an alles herangemacht, ans Vieh und ans Geld; was ist da zu machen, verzeih, Iwan!»

Da holte Iwan einen prallen Geldbeutel hervor, leerte den ganzen Inhalt bis zur letzten Kopeke auf den Tisch und sprach: «Das Geld ist mein, der Beutel aber dein, und ist er auch leer, so haftet an ihm doch kein Elend.»

Sie aber hörte es, die Alte, die unglückliche Not, das Elend, und sprang aus einer Ritze hervor und – bums – in den Geldbeutel.

«Auch hier bin ich!» krächzte sie. «Auch hier bin ich!»

Da schnürte Iwan den Beutel rasch zu.

«Da du schon hier bist, bleib ruhig sitzen!» Und Iwan band die Enden fest zusammen, befestigte einen Stein am Beutel und eilte zum Fluß. Leb wohl.

Und die Brüder trugen den Beutel zum Fluß und tauchten ihn ins Wasser, und der Beutel sank bis auf den Grund; so ertränkten sie die elende Alte, die Not.

Und fortan lebten sie beide in Wohlstand.

1912

Scherzhafte Geschichten

Der Skomoroch

Es war einmal ein Zar, der herrschte in einem Reich, das platt war wie der Käse auf dem Tischtuch. Der Zar liebte es, Märchenerzählern zu lauschen. Und er erteilte im ganzen Königreich den Befehl, man möge ihm ein Märchen erzählen, das noch keiner gehört: «Dafür geb ich das halbe Königreich und die Zarentochter dazu!»

Das halbe Königreich und die Zarentochter! Keiner wird sich finden, der ein solches Märchen zu erzählen weiß.

Beim Zaren aber lebte ein tollkühner Bursche, ein großer Skomoroch* – schlecht stand es um die Skomorochen, man vertrieb sie allesamt –, der saß mit allerlei Gesindel in der Kneipe. Saß in der Kneipe und vertrank sein Elend.

«Nun, Lexej», sagten sie zum Skomorochen, «willst du nicht des Zaren Tochter zur Frau?» Und sie spotteten und lachten.

Sie reizten den Skomorochen mit dem Zarenlohn: er aber, komme was wolle, und wäre die Belohnung auch nur ein Mantel aus billigstem Pelz, er will dem Zaren ein Märchen erzählen!

Und der Skomoroch verließ die Kneipe und ging in den Zarenpalast und sprach zum Zaren: «Eure Zarenhoheit! Gebt mir Speis und Trank, und ich werde Euch ein Märchen erzählen.»

Da sputeten sich die Diener des Zaren, und es versammelten sich alle Hofbeamten, und es erschien die Zarentochter Lisawa, die wunderschöne Zarin.

Und sie reichten dem Skomorochen Speis und Trank und setzten ihn auf einen Stuhl.

«Erzähle, ich höre zu», sagte der Zar.

Und der Skomoroch begann ein Märchen zu erzählen.

«Ich hatte einen Vater – er war ein reicher Mann. Und er baute sich ein Haus; Tauben gingen auf dem Dachfirst und pickten Sterne vom Himmel. Und das Haus hatte einen Hof – von einem Tor zum andern konnten im Sommer, an langen *heißen* Tagen die Tauben nicht hinüberfliegen!... Habt Ihr dieses Märchen schon gehört?»

«Nein, ich hab's nie gehört», sagte der Zar.

«Wir haben es nie gehört!» kreischten die Hofbeamten.

Und die wunderschöne Zarentochter Lisawa schlug die Augen nieder.

«Das war nicht das Märchen, sondern die Einleitung: das Märchen werde ich morgen gegen Abend erzählen», sagte der Skomoroch, erhob sich und ging.

Am nächsten Tage sah man den Skomorochen nicht auf der Straße, und auch in der Kneipe nicht, gegen Abend aber erschien er beim Zaren.

«Eure Zarenhoheit! Gebt mir Speis und Trank, und ich werde Euch ein Märchen erzählen.»

Und wieder versammelten sich alle Hofbeamten, und auch die Zarentochter kam, die wunderschöne Lisawa.

Und sie reichten dem Skomorochen Speis und Trank und setzten ihn auf einen Stuhl.

«Erzähle, ich höre zu», sagte der Zar.

Und der Skomoroch begann ein Märchen zu erzählen.

«Ich hatte einen Vater – er war ein reicher Mann. Und er baute sich ein Haus; Tauben gingen auf dem Dachfirst und pickten Sterne vom Himmel. Und das Haus hatte einen Hof – von einem Tor zum andern konnten im Sommer, an langen heißen Tagen die Tauben nicht hinüberfliegen. Und im Hof hatte man einen Stier gezüchtet: auf dem einen Horn saß ein Hirt, auf dem andern saß ein Hirt, und sie bliesen in Posaunen und Hörner, doch konnten sie gegenseitig ihr Gesicht nicht erkennen, ihre *Stimme nicht* hören!... Habt Ihr dieses Märchen schon gehört?»

«Nein, ich hab's nie gehört», sagte der Zar.

«Wir haben es nie gehört!» kreischten die Hofbeamten.

Und die wunderschöne Zarentochter Lisawa errötete sanft.

«Auch dies ist noch nicht das eigentliche Märchen, das eigentliche Märchen werde ich morgen erzählen!» sagte der Skomoroch, nahm seine Mütze und strebte zur Tür.

Da erkannte der Zar, daß jener ein leichtfertiger Mensch war; aber nicht um das halbe Königreich – um die Zarentochter Lisawa tat es ihm leid, und er sprach zu seinen Dienern: «Hört, meine treuen Diener und Beamten, wir sagen, wir hätten das Märchen schon gehört, und unterschreiben's schwarz auf weiß.»

«Wir haben es gehört, wir unterschreiben!» zischten die Hofbeamten.

Da warf des Zaren Schreiber rasch einige Zeilen aufs Papier, beglaubigte sie, und alle unterschrieben, daß das Märchen ihnen bekannt sei, daß sie es alle gehört. Damit war die Sache erledigt.

Vom frühen Morgen an saß der Skomoroch in der Kneipe, zwar trank er nicht, doch war er auch ohne Wein betrunken.

«Was ist, Lexej», stachelte ihn der Pöbel auf, «kriegst du das halbe Königreich und die Zarentochter, na, sag?»

«Die lassen das nicht zu!» krächzte das Lumpengesindel.

Und zum dritten Mal, den dritten Abend schon, ging der Skomoroch zum Zaren.

«Eure Zarenhoheit! Gebt mir Speis und Trank, und ich werde Euch ein Märchen erzählen.»

Die Hofbeamten aber harrten schon auf ihren Plätzen, taten wichtig und wölbten die Bäuche: ein schönes halbes Königreich, eine schöne Zarin kriegt der Skomoroch – zwar ist er schlau, doch die Hofbeamten sind doppelt so listig. Und es erschien auch die Zarentochter Lisawa, die wunderschöne Zarin.

Und sie reichten dem Skomorochen Speis und Trank und setzten ihn auf einen Stuhl.

«Erzähle, ich höre zu», sagte der Zar.

Und der Skomoroch begann ein Märchen zu erzählen.

«Ich hatte einen Vater – er war ein reicher Mann. Und er baute sich ein Haus; Tauben gingen auf dem Dachfirst und pickten Sterne vom Himmel. Und das Haus hatte einen Hof – von einem Tor zum andern konnten im Sommer, an langen heißen Tagen die Tauben nicht hinüberfliegen. Und im Hof hatte man einen Stier gezüchtet: auf dem einen Horn saß ein Hirt, auf dem andern saß ein Hirt, und sie bliesen in Posaunen und Hörner, doch konnten sie gegenseitig ihr Gesicht nicht erkennen, ihre Stimme nicht hören. Im Hof war auch eine Stute: drei Fohlen trug sie aus binnen Tagesfrist, drei dreijährige Fohlen. Und mein Vater lebte damals in großem Wohlstand. Du aber, unser großer Zar, hast vierzigtausend von ihm geborgt. Habt Ihr dieses Märchen schon gehört?»

«Ich hab's gehört», sagte der Zar.

«Wir haben es gehört!» krächzten die Hofbeamten.

«Ihr habt es gehört?» fragte der Skomoroch. «Aber der Zar hat mir bis heute das Geld nicht zurückerstattet!»

Da sah der Zar, daß die Sache schlecht stand: entweder galt es, das halbe Königreich und die Zarentochter herzugeben, oder vierzigtausend in bar springen zu lassen. Und er hieß die Hofbeamten, den Geldschrank anzuschleppen.

Und die Hofbeamten taten so.

«Also nimm», sprach der Zar, «das Gold ist dein.»

Da verneigte sich der Skomoroch vor dem Zaren, der Zarentochter und dem ganzen Volk.

«Ich brauche kein Gold, ich brauche kein Königreich, ich schenke ohne Gegengeschenk!» Und er zog singend in die Kneipe.

Die wunderschöne Zarentochter Lisawa aber ist weiß, weiß wie eine Birke.

Leise, Skomorochen, spielet.
Leise, Frohgemute, spielet,
Da das Köpfchen weh mir tut,
Da dem Herz so schwer zumut!

Und das Märchen ist hiermit zu End.

1912

Der Heldenhund

Es war einmal ein Jäger – ein Waldmensch war er. Er liebte es nicht, mit Meuten zu jagen – doch hatte er einen treuen Hund, eine unschlechte Waffe. Und als die Stunde kam, da dieser sterben sollte, segnete er den Hund mit seinem Gewehr.

Den Hund hatte er von einem Bekannten ergattert, von einer bösen Hündin stammte er ab. Und nicht wenig Sorgen hatte er mit dem Hund: ein Jahr lang zog er den Welpen im Keller auf und hielt Wache – das wilde Getier aber roch, daß er ein Heldenhund würde, und grub sich mit den Zähnen einen Gang zum Keller und wollte das Hündchen entführen, das wilde Getier ist gar klug! – doch er schützte den Welpen, und ein treuer Hund ward aus ihm, nur die Mutter war böse gewesen, die Hündin. Der treue Hund, die unschlechte Waffe, ging, wohin er geheißen, und auch nachts war auf ihn Verlaß.

Einmal geschah es, daß der Jäger am Vorabend des Jegorij*-Festes im Wald übernachten mußte. Unheimlich ist es dort im Wald! Er zündete ein Feuer an, um Speck zu braten, da hörte er einen Laut im Wald – wenn der Hirte tagsüber sein Vieh weidet, knallt er mit der Peitsche, ja, da knallte einer mit der Peitsche, und das Echo lief durch den Wald. Der Jäger spitzte die Ohren – wer könnte es sein? –, doch das Geräusch kam immer näher, war schon ganz nahe beim Feuer.

Wölfe näherten sich dem Feuer, einer nach dem andern, traten zum Feuer und ließen sich nieder. In gedrängten Scharen kamen sie, wie das einmütige Vieh, belagerten eine halbe Deßjatine* Land ringsum – lauter Wölfe. Nach den grauen folgten die weißen – die wölfische Obrigkeit. Und mit den weißen Wölfen kam, auf weißem Roß, Jegorij selbst.

«Ein gutes Nachtlager wünsch ich dir, Jäger!» sprach Jegorij.

Da erkannte der Jäger, daß Jegorij selbst ihn auf hohem Roß, inmitten der weißen Wölfe, begrüßte, daß die Wölfe auf sein Geheiß gekommen, und er verneigte sich vor ihm.

«Da habt Ihr, tapferer Jegorij, mir ein gutes Nachtlager gewünscht, ich aber denke, daß mir ein unbequemes Nachtlager zufiel; meiner Lebtag hab ich keine solche Schar von Wölfen gesehen.»

«Du hättest in der Nacht vor Jegorij nicht im Walde bleiben dürfen! Morgen ist mein Fest!» Und Jegorij musterte ihn streng.

Der Jäger aber schwieg, wußte er doch, daß er vor diesem Fest nicht auf die Jagd in den Wald hätte gehen sollen, und er konnte nichts einwenden und bekannte sich schuldig.

Der Jagdhund Snajko aber knurrt und knurrt.

«Warum gibt denn dein Hund keine Ruh und knurrt unentwegt?» fragte Jegorij und musterte ihn streng.

«Warum sollte er auch Ruhe geben: rundum sind seine Verderber, zornig ist er!» Und der Jäger tätschelte seinen treuen Hund.

«Ist es schon vorgekommen, daß es dein Hund mit Wölfen aufnahm?» fragte Jegorij und musterte ihn streng.

«Aber gewiß: ihrer drei, vier hatten ihn angegriffen, Snajko aber ergab sich nicht!» Da wurde dem Jäger bange zumut, er spürte – der Waldmensch! –, daß Unheil droht!

«So heiß ihn denn, mit zweien meiner Wölfe zu kämpfen!» sagte Jegorij.

Dem Jäger tat es leid um seinen Hund, doch was konnte er tun, und so willigte er eben ein – darf man sich nicht widersetzen, willigt man ein!

«Nun gut», sprach er, «sollen sie kämpfen.»

Snajko aber machte von den Wölfen nicht viel Aufhebens – Snajko hatte mächtige Eckzähne und hieb mit den Zähnen auf die Wölfe ein. Mehr tot als lebendig liefen sie aus dem Rudel davon.

«Sieh mal, wie bös er ist, der nimmt's gewiß auch mit fünfen auf!» Und Jegorij befahl, daß der Hund mit fünf Wölfen kämpfe.

Fünf Wölfe fielen über Snajko her; Snajko wurde jedoch noch wilder und zorniger, ihrer drei brachte er um, und zwei zerriß er.

Sieben Wölfe hatte er hingemacht, er selber aber, der Hund, keinerlei Schaden genommen.

«Zehn Wölfe laß ich los auf ihn!»

Und schon stürzten auf Jegorijs Geheiß zehn Wölfe auf Snajko, ganze zehn.

Und wie er zuvor die fünf Wölfe getötet, so tötete er auch diese zehn und blieb selber unverletzt.

«Genug, Jäger», sprach Jegorij, «nun reuen mich auch die eigenen Tiere; feßle also deinen Hund!»

Und der Jäger fesselte den Hund und wagte nicht zu widersprechen, band die Vorder- und Hinterbeine seines treuen Hundes zusammen.

Da stürzten sich die Wölfe auf Snajko, bissen den gefesselten Hund und bissen ihn zu Tode.

Wie viele Wölfe hatte der Hund hingemacht, wie viele verwundet, nun aber war er tot!

Der Jäger grämte sich.

«Ihr, heiliger Knecht Gottes, habt ungerecht gehandelt; was habt Ihr mir befohlen, den Hund zu fesseln!»

«Fürwahr – ich habe ungerecht gehandelt», sprach Jegorij, «ich bestrafte dich, weil du an meinem Fest im Walde auf der Jagd genächtigt. Ich nämlich bin der Anführer der wilden Tiere – auf mein Geheiß überfallen sie das Vieh. Und so hab ich dich mit meinem Rudel eingeholt, dich zu bestrafen.»

Da erhoben sich die Wölfe und verließen das Feuer, einer nach dem andern, in gedrängter Schar, wie das einmütige Vieh; hinter den grauen gingen die weißen – die wölfische Obrigkeit –, und inmitten der weißen ritt auf weißem Roß Jegorij von dannen.

Und der Jäger blieb allein im Walde zurück. Die Nacht ging zu Ende, das Feuer verlöschte, es begann zu tagen. Und der Jäger machte sich auf den Heimweg, allein, ohne seinen treuen Hund.

Traurig war ihm zumut ohne den treuen Hund.

Nachts träumte der Jäger von Snajko, und es war ihm, als hörte er ihn sagen: «Lieber Meister, Michajlo Michajlytsch, hättest du mir nicht alle vier Beine gefesselt, wir hätten uns dem Rudel Jegorijs nicht ergeben, hätten alle Wälder und jedes Dickicht durchquert und kein Tier gefürchtet. Ach, Meister!»

Da erwachte der Jäger, und es ward ihm noch trauriger zumut: hätte er seinem Snajko nur nicht alle Beine gefesselt!

«Ach, du mein treuer Hund!»

Und er fiel in solche Trauer, in solch tiefe Trauer, daß er vor Trauer verschied.

1912

Der Flieger

Es war einmal ein Jäger, der hieß Archipp. Grau war er, eine Stirn hatte er wie ein Schaf, einen Schnurrbart wie eine Katze, die Augen aber waren rund wie bei einem Vogel. Er kannte die Sprache der Tiere und Vögel.

Und so kam es, daß Archipp mit der Flinte aufs Feld oder in den Wald ging – er betete, verneigte sich und stieß Lockrufe aus –, und schon lief vielerlei Getier herbei, das flitzte und eilte und sprang hin und her, mit Vätern und Müttern und der ganzen Verwandtschaft, der Hasensippe – unüberlegt, unzertrennlich, nicht einholbar, nicht zurückholbar, flink und behende, weißes, rotes, schwarzes, braunes, scheckiges – Huftiere, Luchse, Vielfraße –, das ganze Waldgetier.

Sieh nur, alle Fallen, Fischreusen und Fangnetze sind übervoll: mal ist das Tier mit dem Kopf hineingeraten, mal hat es seine Beine oder den Schwanz erwischt, mal ist es mit dem Flügel hängengeblieben.

Der Fichtenwald, das Flüßchen und die Gewässer gereichten Archipp zur Ehre und Freude, sie halfen ihm brüderlich – die unterirdischen Wasseradern, die verborgenen Quellen und Rinnsale.

Eines Tages begann Archipp zu überlegen, wie er in den Himmel gelangen könnte, um Gottes himmlische Schöpfung zu betrachten – Sonne, Mond, die winzigen dichtgesäten Sterne und die Planeten.

Und er erhob sich in aller Herrgottsfrühe, betete nach Osten, zur strahlenden Sonne, und nach

Westen, zum hellen Mond gewandt, gen Morgen und Abend, und ging in den Wald. Er fällte einen Baum und fing an, Brennholz zu spalten. Und er spaltete so lange, bis ein großer Scheiterhaufen entstand; den Scheiterhaufen bedeckte er mit einer feuchten Bastmatte und zündete das Brennholz an. Als das Holz Feuer fing, stellte sich Archipp rasch auf die Matte: die Hitze, dachte er sich, wird ihn hochheben – und er fliegt davon.

Und er fuhr in die Lüfte, hinauf in die hohen Himmel, immer höher und höher. Die Mütze und einen Stiefel hatte er unterwegs verloren, er flog wie der Pfeil vom gespannten Bogen, wie ein Blitz aus dem Wolkengebirg.

So flog Archipp und flog, und wie er endlich zum Stillstand kam, sieht er: die Erde ist klein wie ein Marienkäfer, kaum zu erkennen ist sie, zu solcher Höhe hat er sich aufgeschwungen!

Und Archipp streifte durch die Himmel. Mal steckt er die Nase hierhin, mal strebt er dorthin, doch nirgends ein Mensch – nur die Sterne standen über dem stillen Wasser, leuchteten still und klar und kündeten Gottes Lob.

So lebte Archipp eine Woche, dann befiel ihn Langeweile, da er die Erde nicht sah: ohne die Erde ist es dem Menschen fad!

Und wie er so durch die Himmel streifte, entdeckte er ein Seil: viele Seile lagen auf den Wolken verstreut zum freien Gebrauch.

Da dachte er sich: «Ich befestige das Seil und laß es hinunter, bis zur Erde wird es wohl reichen!»

Und er ließ das Seil hinunter und befestigte das Ende an einem Baum – ein mächtiger Baum war's ohne Wurzeln und Blattwerk, aber dennoch ein Baum –, und er ließ sich vorsichtig hinunter.

Immer tiefer ging's, immer tiefer, doch welch ein Pech: das Seil hörte auf – nur eine halbe Werst über der Erde.

Der Wind aber pfiff und rüttelte und trug Archipp über Täler und Berge. Trug er ihn über ein Tal, sah Archipp alle Städte und Dörfer. Dann schrie er laut; doch wer sollte ihn hören, und selbst wenn ihn einer gehört, hätte er ihn für eine Krähe gehalten!

Da trug ihn der Wind über eine glatte Fläche.

«Ich löse den Knoten!» dachte Archipp: das Fliegen hatte seine Kräfte aufgezehrt, und sein Verstand ließ nach.

Und er löste den Knoten: da sauste ihm der Wind recht um die Ohren.

Und Archipp fiel just in ein Moor, bis zur Brust versank er darin und konnte nicht heraus.

Als die Frühlingszeit um war, kamen viele Vögel angeflogen, so auch ein Schwan. Der Schwan erspähte etwas Heu im Moor, da wußte er: wo ein bißchen Heu war, würde er sein Nest bauen. Und der Schwan holte etwas Erde vom Ufer, strich mit den Füßen den kleinen Erdhügel glatt – Archipps Haare hielt er für einen Erdhügel! –, legte ein Ei, und ein zweites und drittes, und fing zu brüten an.

Der Wolf aber hatte das Schwanennest schon ausgemacht, nur konnte er nicht heran. Er lag auf der Lauer, und als der Schwan einmal fortflog, durchwühlte er das Nest und fraß alle Schwaneneier, dann machte er sich's bequem und ruhte sich aus, der Graue.

Archipp aber biß ihn rasch in den Schwanz, und wie der Wolf hochsprang, zog er Archipp aus dem Moor.

So gelangte Archipp wieder auf festen Boden.

«Nein, Kinder», sprach er, «fliegt nicht in den Himmel!»

Doch wie zum Spott fällten seit jener Zeit, wenn der Frühling kam, die Jäger einen Baum, spalteten Brennholz, zündeten den Scheiterhaufen an und flogen – mir nichts, dir nichts – davon!

Freilich ist es dem Menschen ohne die Erde fad, doch die Jagd ist noch schlimmer als Gefangenschaft: der Mensch will halt Gottes himmlische Schöpfung betrachten – Sonne, Mond, die winzigen dichtgesäten Sterne und die Planeten.

1910

Der Mann als Bär

Es lebte einmal ein Waldhüter im Wald, der Waldhüter aber hatte im Walde ein Hüttchen. Tagsüber streifte er durch den Wald, des Nachts verzog er sich in sein Hüttchen. Der Ort war sehr einsam: kein Weg, keine Straße, doch verirrte sich ohnehin keiner in diese öde Wildnis. Eines Tages aber kam ein Bär, betrat ungefragt des Waldhüters Hütte, ging schnurstracks zum Ofen und ließ sich da nieder, als wär er zu Hause.

Der Waldhüter gehörte nicht zu den Zaghaften, doch erschrak er zutiefst: wagte nicht einmal zu schießen. Der Bär aber saß, wo er war, und machte keine Anstalten zu gehen. Da bereitete der Waldhüter das Nachtmahl, denn er war hungrig. Zuerst aß er selbst, dann gab er dem Bären, fütterte ihn. Und wie sie gegessen, gingen sie zu Bett und schliefen friedlich bis zum Morgen.

Am Morgen zog der Waldhüter in den Wald, der Bär aber verließ die Hütte und trollte sich. Doch zuvor nahm der Waldhüter einen Imbiß und bewirtete auch den Bären. Der Bär schritt wortlos hinaus, dann verneigte er sich vor dem Waldhüter bis zur Erde. Und der eine ging in die eine Richtung, der andere in die andre.

Am Dreikönigsfest fuhr der Waldhüter in die Stadt auf den Jahrmarkt. Dort lud ihn ein reicher Gutsverwalter ins Wirtshaus ein, ihn zu bewirten. Und er bewirtete ihn so reichlich, daß der Waldhüter vor lauter Vergnügen sogar seinen Taufnamen vergaß.

Da fragte der Gutsverwalter den Waldhüter: «Weißt du denn, warum ich dich bewirte?»

«Woher sollte ich's wissen?» antwortete der Waldhüter.

Der Gutsverwalter aber fuhr fort: «Erinnerst du dich, wie ich bei dir übernachtete?»

«Wann hast du denn übernachtet?»

«Du warst in deiner Hütte im Wald, da kam ein Bär zu dir. Ich selbst bin jener Bär.»

«Du, ein Bär?»

«Gewiß. Hättest du damals zur Flinte gegriffen, hätte ich dich aufgefressen. Drei Jahre, drei Lenze trug ich ein Bärenfell, die Menschen hatten mich verdorben und zum Bären gemacht.»

Der Waldhüter kam beinah um seinen Verstand, doch faßte er sich – und ging.

Und er kehrte in sein Waldhüttchen zurück und lebte fortan zufrieden und ohne Furcht: ob ein bärtiger Hase zu ihm in die Hütte lief oder ein Vielfraß – sie alle waren seine Gäste, sie alle wie zu Haus, willkommen!

1909

Die wunderbaren Schuhe

Es waren einmal ein Zar und eine Zarin, die hatten eine Tochter, Kuruschka*. Als man eines Tages den Kopf der Zarentochter absuchte, fand man dabei eine Laus. Man setzte die Laus auf ein Schaf – da wurde sie groß wie ein Schaf. Man setzte sie vom Schaf auf einen Hammel – da wurde sie groß wie ein Hammel. Und der Zar befahl, die Laus zu töten und ihre Haut aufzubereiten. Aus den Häuten aber nähte man für Kuruschka Schuhe.

Und der Zar ließ in allen Reichen verkünden: «Wer errät, aus welchem Leder die Pantöffelchen der Zarentochter gemacht sind, dem geb ich sie zur Frau.»

Zarewitsche und Königssöhne kamen angefahren. Der eine meinte, sie seien aus Ziegenleder, der andre, aus Saffian – doch keiner erriet es.

Der Zauberer Mertwjak* erfuhr von diesem Handel, ging hin und erklärte: «Die Zarentochter Kuruschka hat Schuhe aus Lausleder!»

Der Zar mußte sein Wort halten. Die Hochzeit ward angeordnet.

Trauer befiel den Zaren: schrecklich war der Zauberer Mertwjak – wie nur könnte er seine Lieblingstochter vor dem Zauberer verbergen?

Da dachte sich der Zar das Folgende aus: er wird die Zarentochter auf einen Ziegenbock setzen und fortführen, daß es aussieht, als trüge der Ziegenbock Heu.

Man stellte die Tische auf, nahm einen Krückstock, kleidete ihn wie die Zarentochter – da sitzt sie, die fertige Zarentochter!

Wie der Zauberer zur Hochzeit fuhr, kam ihm ein Ziegenbock entgegen. Da fragten die Hochzeitsgäste: «Böcklein, Böcklein, ist die Zarentochter Kuruschka zu Haus?»

«Zu Haus ist sie, zu Haus, erwartet ihre Gäste.»

Und ein zweiter Wagen kam gefahren – und wieder fragten die Gäste, und ein dritter – da war es Mertwjak selbst, der fragte: «Böcklein, Böcklein, ist die Zarentochter Kuruschka zu Haus?»

«Zu Haus ist sie, zu Haus, erwartet ihre Gäste.»

So fuhren sie vorbei, der Ziegenbock aber mit der Zarentochter eilte davon.

Mertwjak kam auf den Zarenhof und sprach: «Kuruschka, Zarentochter, was empfängst du mich nicht, was grüßt du mich nicht?» Und eilte ins Hochzeitsgemach.

Im Gemach steht Kuruschka am Tisch – und grüßt nicht.

Und wie er nähertrat und keine Antwort bekam, stürzte sich Mertwjak auf Kuruschka – da fiel der Krückstock um.

Betrogen war er. Man hatte den Zauberer beschwindelt. Da fing er an, die Zarentochter zu suchen, den ganzen Palast durchforschte er – aber er konnte sie nirgends finden. Und plötzlich ging ihm ein Licht auf, und er sprengte davon, dem Ziegenbock nach.

Da sprach die Zarentochter: «Böcklein, Böcklein, fall nieder zur feuchten Mutter Erde, Mertwjak ist uns auf der Spur.»

«Er kommt, er kommt, schon ist er nah.»

Da warf die Zarentochter einen *Kamm* hinter sich.

«Werde ein Wald, so dicht, daß kein Vogel

dich durchfliegt, kein Tier dich durchquert, Mertwjak dich nicht durchfährt, vor mir aber sei der Weg eben und breit.»

Mertwjak kam heran und stieß auf das Hindernis.

Da rief er seine Streitmacht zusammen, und sie brachten Äxte und Sägen und hackten und hieben drauflos, bis sie eine Schneise geschlagen hatten. Und als der Weg gebahnt war, sprengte Mertwjak erneut hinter Kuruschka her. Schon hatte er die Zarentochter eingeholt.

«Böcklein, Böcklein, fall nieder zur feuchten Mutter Erde, Mertwjak ist uns auf der Spur.»

«Er kommt, er kommt, schon ist er nah.»

Da warf die Zarentochter den *Feuerstein* hinter sich.

«Werde zum Berg, so hoch wie der Himmel, daß kein Vogel dich überfliegt, kein Tier dich überquert, Mertwjak dich nicht übersteigt.»

Und es ward ein Berg.

Da rief Mertwjak seine Streitmacht zusammen. Und sie hackten und hieben drauflos, bis sie eine Schneise geschlagen hatten. Und Mertwjak nahm erneut seine Hetzjagd auf.

«Böcklein, Böcklein, fall nieder zur feuchten Mutter Erde, Mertwjak ist uns auf der Spur.»

«Er kommt, er kommt, schon ist er nah.»

Da warf die Zarentochter den *Feuerstahl* hinter sich.

«Werde zum feurigen Fluß, daß Mertwjak nicht mehr hindurch kann.»

Mertwjak kam heran und stieß auf das Hindernis. Da schrie er der Zarentochter zu: «Wirf mir deine Schuhe herüber, ich bin's, Mertwjak, niemals werde ich dich zur Frau nehmen.»

Da warf ihm die Zarentochter die Schuhe hinüber, und er klammerte sich fest und schwamm bis zur Mitte des Flusses und ertrank.

Die Zarentochter Kuruschka aber fuhr in ein anderes Königreich und heiratete einen Seeräuber.

1908

Die gierigen Finger

Es waren einmal drei Söhne. Sie lebten mit ihrer alten Mutter. Gut lebten sie, hatten von allem genug. Die Mutter vergötterte sie und überlegte fortwährend, wie sie's einrichten könne, daß die Kinder noch ruhiger, noch besser, noch fröhlicher lebten. Und die Alte dachte: da sie ohnehin bald sterben muß, will sie die Söhne noch zu Lebzeiten segnen und den Besitz verteilen – einem jeden, was ihm zukommt

Und die Mutter teilte ihren Besitz in drei gleiche Teile, gab alles den Söhnen, nichts behielt sie für sich. Was galt ihr schon Besitz und Reichtum in ihren alten Tagen, bald muß sie sterben, sie wird sich schon durchbringen, die geliebten Kinder werden sie wohl nicht im Stich lassen und ihr ein Plätzchen gönnen, wo sie ihren Lebensabend verbringen kann.

Die Söhne erhielten ein jeder seinen Teil und blieben beisammen und lebten weiter in Eintracht, wie sie früher gelebt. Nur die alte Mutter – die brauchte keiner mehr. Ach, hätten sie sie nur fortgejagt: schwer ist das Leben, wenn einen keiner braucht!

Setzten sich die Brüder zu Tisch, dachte keiner daran, auch die Mutter zu rufen.

So lag sie denn hungrig auf dem Ofen.

«Herr, schicktest du mir nur den Tod!»

In jenen Tagen aber zog ein alter Pilger durchs Dorf, und er kehrte auch bei den Brüdern ein, sich ein Stück Brot zu erbitten.

«Herr, schicktest du mir nur den Tod!» flehte die Mutter.

Da fragte der Alte: «Wie kommt es, daß ihr eßt, die Mutter aber leer ausgeht?»

«Wir brauchen sie nicht!» erwiderten ihm die Söhne und klapperten, wie wenn nichts wäre, mit den Löffeln.

«So verkauft sie, wenn ihr sie nicht benötigt», sprach der Alte.

Da waren die Söhne mit einem Satz auf und beim Alten.

«Kauf sie, Väterchen, kauf sie, sei so gut! Überflüssig ist sie, eine Last für uns.»

«Herr, schicktest du mir nur den Tod!» flehte die Mutter.

«Führt sie denn, Kinder, hinter den Zaun; dort erhaltet ihr das Geld!» sagte der Alte und ging aus dem Haus.

Die Kinder aber eilten zur Mutter, zerrten sie vom Ofen und schleppten sie hinaus: zwei stützten sie unter den Armen, der dritte ging hinterher. So führten sie die Alte aus dem Haus und zum Zaun, um sie daselbst allein zu lassen. Doch sie konnten ihre Hände nicht lösen…

Die Alte war mit ihnen zusammengewachsen.

Und seit jener Zeit können sie sich nimmer trennen: sie essen und füttern dabei die Mutter.

1912

Der Himmel ist runtergefallen

Ein Huhn lief im Hof herum, da fiel ein Bündel Reisig zu Boden. Das Huhn aber eilte zum Hahn.

«Der Himmel ist runtergefallen, der Himmel ist runtergefallen!»

«Wer hat's dir gesagt?»

«Ich selbst hab's gesehen, ich selbst hab's gehört.»

Da erschrak der Hahn und lief mit dem Huhn aus dem Hof. Und sie liefen und liefen, bis sie auf einen Hasen stießen.

«Hase, he, Hase, der Himmel ist runtergefallen!»

«Wer hat's dir gesagt?»

«Ich selbst hab's gesehen, ich selbst hab's gehört.»

Da lief auch der Hase davon. Und sie begegneten einem Wolf.

«Wolf, he, Wolf, der Himmel ist runtergefallen!»

«Wer hat's dir gesagt?»

«Ich selbst hab's gesehen, ich selbst hab's gehört.»

Und sie liefen mit dem Wolf davon. Da kam ein Fuchs des Weges.

«Fuchs, he, Fuchs, der Himmel ist runtergefallen!»

«Wer hat's dir gesagt?»

«Ich selbst hab's gesehen, ich selbst hab's gehört.»

Da lief auch der Fuchs mit. Sie liefen und liefen – und je schneller sie liefen, desto größer ward ihre Furcht, bis sie zuletzt in eine Rübengrube fielen. So lagen sie dann in der Grube – mit dem

Übel hatten sie sich wohl abgefunden, doch der Hunger plagte sie sehr.

Da sprach der Wolf: «Fuchs, hör zu! Lies mal die Namen herunter; wessen Name am schlechtesten klingt, den fressen wir auf.»

«Der Name des Fuchses klingt gut», sprach der Fuchs, «der Name des Wolfes klingt gut, der Name des Hasen klingt gut, der Name des Hahns klingt gut, der Name des Huhns aber klingt schlecht.»

Da packten sie das Huhn und fraßen es auf.

Der Fuchs aber war schlau: er aß nicht nur, sondern raffte heimlich die Innereien an sich.

Der Wolf fuhr fort: «Fuchs, lieber Fuchs! Lies mal die Namen herunter; wessen Name am schlechtesten klingt, den fressen wir auf.»

«Der Name des Fuchses klingt gut», sprach der Fuchs, «der Name des Wolfes klingt gut, der Name des Hasen klingt gut, der Name des Hahns aber klingt schlecht.»

Da packten sie den Hahn und fraßen ihn auf.

Der Fuchs aber war schlau: er aß nicht nur, sondern raffte heimlich die Innereien an sich.

Der Wolf ist gefräßig, ihm, dem Grauen, reicht's immer noch nicht.

«Fuchs, lieber Fuchs! Lies mal die Namen herunter; wessen Name am schlechtesten klingt, den fressen wir auf.»

«Der Name des Fuchses klingt gut», sprach der Fuchs, «der Name des Wolfes klingt gut, der Name des Hasen aber klingt schlecht.»

Und sie packten den Hasen und fraßen ihn auf.

Den Hasen hatten sie verzehrt, der Wolf aber kam nimmer zur Ruh: wollte sich noch einmal gütlich tun!

Der Fuchs aber klaubte mit den Pfoten die Innereien hervor und fing mit solcher Wonne zu essen an, als äße er nicht Innereien, sondern jenes gewisse Etwas.

«Was ißt du, Fuchs?» fragte neugierig der Wolf.

«Meine Innereien... mit den Zähnen beiß ich fest hinein... meine schmackhaften Innereien.»

Der Wolf schaute und schaute, und wie er die Zähne in seine Gedärme grub und die eigenen Innereien herausriß, verendete er auf der Stelle.

«Ob Huhn oder Wolf – Hauptsache, sie haben Hirn im Kopf!» Und der Fuchs leckte sich das Maul, aß alles auf, kroch aus der Grube und lief in den Wald, dieses listigste aller Tiere.

1909

Der Bärenführer

1

Ein Bärenführer ging auf der Landstraße und führte Bären. Mit Bären zu gehen ist schwer – der Bär blickt sehnsuchtsvoll in den Wald, er möchte sich in einer warmen Höhle räkeln – die Höhle aber ist süß von Honig! –, und da soll einer auf der Geige spielen und des Bären Sinn ablenken.

Am Vortag der Fasten verspürte der Bärenführer Hunger, und durchfroren war er. Schlecht ist es heut um den Skomorochen bestellt. Dabei ist zu sagen: ohne Skomorochen kein Fest – und doch ist ein jeder gar erpicht, ihn schmerzhaft zu treten, oder der Pöbel säuft und frißt sich voll und will vom Skomorochen nichts mehr wissen.

Die Nacht überraschte den Bärenführer: wohin sollte er mit den Bären zu dieser späten Stunde! An der Straße aber stand eine reiche Herberge. Und der Bärenführer bat, man möge ihm ein Nachtlager gewähren. Doch der Herbergsbesitzer wollte nichts davon hören und wies ihn ab.

Es war nämlich das Gerücht umgegangen, daß Aufseher unterwegs wären, vor dem Feiertag den Zustand der Herbergen zu überprüfen. Und dem Herbergsbesitzer war ein Brief zugesteckt worden, daß nachts ein Aufseher bei ihm vorbeikäme zur Überprüfung. So wies er denn alle ab, die Einlaß begehrten.

«Ich laß nicht nur dich und derlei Gesindel nicht ein, auch die Kutscher weise ich ab; der Gouverneur versprach höchstpersönlich, heute bei mir abzusteigen.»

Des Hausmeisters Knecht aber sprach: «Herr», sprach er, «ich führe sie ins Badehaus; im Waschraum bring ich die Bären unter, der Bärenführer aber möge im Bade sich ausruhn.»

Da sträubte sich der Herbergsbesitzer: dies ist nicht günstig und jenes, die Pferde des Gouverneurs könnten den Bärengeruch wittern und scheuen.

Schlecht stand die Sache. Und schon breitete sich die Nacht aus – mit Sternen und starkem Frost. Noch einmal bat der Bärenführer um Einlaß, denn die Bären taten ihm leid – wie Eissplitter funkelten die Sterne, und der Frost war stark.

Endlich willigte der Herbergsbesitzer ein.

«Führ ihn mit den Bären ins Badehaus», sprach der Hausmeister zu seinem Knecht, «und schließ sodann alles sorgsam ab, die Schlüssel aber gib nicht aus der Hand, man kann ja nie wissen!»

Da führte der Knecht den Bärenführer ins Badehaus, schloß die Tür ab und wartete mit dem Hausherrn auf das Klingelzeichen der Gäste.

2

Der Bärenführer blieb also mit den Bären im Badehaus. Warm war ihm, und auch den Bären war warm, doch herrschte eine heimliche Unruhe; er schlief nicht, auch die Bären wachten: Mischa leckte seine Tatze, und die Bärin Kulina blies durch die Nüstern. Unruhig war es, man konnte nicht schlafen; der Bärenführer streichelte mal Kulina, mal tätschelte er Mischa.

Wie sollte er wissen, was die Bärin dachte, doch stand ihr Ungutes im Sinn – sie schürzte die Lippen, ahnte sie Ungutes und konnte es nicht sagen? Mischa dachte sich das Seine: einen Bienenstock wollte er plündern und alle Bienen vernichten! Er liebte den Honig gar sehr, nun leckte er seine Tatze.

Da erhob sich der Bärenführer und berührte Mischas Tatzen und Ohren.

«Wart mal», dachte er, «ich sage einen Zauberspruch auf, damit keiner sich an den Bärentatzen vergreift, man kann ja nie wissen!»

«Feuchte Mutter Erde!» Und der Bärenführer verneigte sich vor Mischa und Kulina. «Feuchte Mutter Erde, du bist die Mutter des Eisens, so kehre das Eisen denn zur Mutter Erde zurück, und du, Baum, kehre zur Mutter Erde zurück, und ihr, Federn, kehrt zum Vogel zurück, und du, Vogel, flieg in den Himmel hinauf, und du, Leim, schlüpf in den Fisch hinein, und du, Fisch, schwimme durchs große Meer, dem Bären Mischa und der Bärin Kulina aber sei viel Raum auf Erden. Eisen, Stahl und Kupfer – verschont den Bären Mischa und die Bärin Kulina, macht bei ihren Ohren und Seiten kehrt. Wie der Schneesturm nicht geradeaus stürmt und den Baum von nah bedrängt, so mögt auch ihr euch hüten, den Bären Mischa und die Bärin Kulina von vorn und heftig anzugreifen und zu bedrängen. Und wie bei der Mühle die Mühlsteine sich drehen, so mögen Eisen, Stahl und Kupfer sich um den Bären Mischa und die Bärin Kulina drehen und nimmer sie treffen. Der Leib des Bären sei frei von Blut, seine Seele unbeschmutzt. Meine Beschwörung aber sei stark und dauerhaft.»

Und kaum hatte der Bärenführer seinen Zauberspruch beendet, hörte er, wie die Türglocke erklang, immer heftiger und lauter.

3

Der Knecht hörte, daß an der Tür geläutet ward, und erhob sich; auch der Hausherr stand auf, denn er hatte das Läuten gehört.

«Lauf», sprach er zum Knecht, «öffne schnell!»

Der Knecht eilte zum Tor und öffnete die Pforte, um nachzusehn, vor dem Tor aber standen nicht die, die sie erwartet, und so lief er zurück, sperrte die Pforte zu und eilte geradewegs zum Hausherrn. Die Räuber hieben und schlugen drauflos, zertrümmerten das Tor und drangen ins Haus ein – den Pferden gaben sie Hafer und Heu, sie selber aber gingen hinter den Wein und die Speisen.

Der Hausherr sah, daß die Sache schlecht ausgehen würde, und bemühte sich, den Gästen zu Willen zu sein – belud den Tisch mit viel Wein und wirtlichen Gaben. Für jene aber war auch das nicht genug: aufs Geld hatten sie's abgesehen, zum Geld zog es sie hin!

«Hör auf», sprachen sie zum Hausherrn, «noch mehr Geld anzuhäufen, wahrlich genug hast du gescheffelt», und sie machten sich an die Geldtruhe heran.

Da paßte der Hausherr einen Augenblick ab, als die Kerle die Truhen leerten, und flüsterte dem Knecht zu, er möge ins Badehaus zum Bärenführer gehen, daß dieser ihnen mit den Bären zu Hilfe komme.

Der Knecht eilte zum Bärenführer ins Badehaus und erzählte, was für ein Unglück sie heimgesucht. Da zwinkerte der Bärenführer Mischa zu, zwinkerte Kulima zu und führte die Bären zum Haus und gab ihnen Weisung.

Kulina war zorniger und stärker als Mischa, und so befahl ihr der Bärenführer, ins Haus zu gehen und um sich zu schlagen, was die Kräfte halten, und ja keinen Fehler zu machen – Mischa aber hieß er im Flur warten.

«Falls die Kerle abziehen», sprach der Bärenführer, «verabreichst du ihnen einen unbarmherzigen Faustschlag!»

Die Bären verneigten sich vor dem Bärenführer, froh, daß sie einen Befehl erfüllen durften – Mischa stand im Flur, die Bärin aber stellte sich auf die Hinterbeine und schritt ins Haus.

Die Räuber hatten mittlerweile alles Geld behändigt und streunten herum und stärkten sich für den Weg – doch wie sie das riesige zottige Ungeheuer erblickten mit einem Kopf wie ein Backtrog, erschraken sie sehr.

Kulina aber war nicht schüchtern und verzagte nicht und schlug mit aller Kraft um sich – dem einen hieb sie den Arm ab, dem andern das Bein, dem dritten den Kopf.

Die Räuber griffen zum Messer, doch das Messer traf nicht – es verbogen sich die Klingen am Ring, unverletzlich war die Bärin, und wie die Räuber erkannten, daß sie mit ihr nicht zu Schlage kämen, wollten sie gehen, doch da stand Mischa vor der Tür. Und wer in den Flur lief – der fiel.

So erschlugen die Bären alle bis auf einen, zwölf Kerle waren es gewesen, zwölf Räuber.

«Den Hunden gebührt Hundeehre!» sprach der Hausherr, nahm die zwölf Pferde der Räuber und reinigte mit seinem Knecht bis zum Morgengrauen Haus und Hof und räumte auf.

Der Bärenführer aber machte sich – kaum war

es hell – auf den Weg und führte seine Bären. Denn wenn der Abendstern am Himmel aufging, mußte er in der Stadt sein und sich den Weihnachts- und Neujahrssängern zugesellen.

Ohne den Skomorochen, ohne den Bärenführer ist der Festtag kein Festtag, das Festmahl kein Festmahl und das Liedersingen kein wahres.

1912

Nachwort

Alexej Remisow wurde am 24. Juni (alten Stils) 1877 in Moskau geboren, er starb nach sechsunddreißigjährigem Exil am 26. November 1957 in Paris. Und doch konnte dieser «urrussischste aller russischen Schriftsteller» (Ilja Ehrenburg) von sich sagen, er hätte sein «ganzes Leben mit dem Blick gen Rußland» gelebt.

Remisow entstammte einer Moskowiter Familie und verbrachte seine Kindheit im Herzen Moskaus, in der Nähe des Andronikow-Klosters, wo einst der altrussische Ikonenmaler Andrej Rubljow seine Werkstatt unterhielt. Remisows Vater, ein Emporkömmling, der es dank seinem Fleiß zum vermögenden Galanteriewarenhändler und Mitglied der Zweiten Moskauer Kaufmannsgilde gebracht hatte, starb, als Remisow sechs Jahre alt war. Die Erziehung der fünf Kinder war allerdings schon früher, nach der Trennung der Eltern, in die Hände der Mutter, Maria Alexandrowna Najdjonowa, übergegangen. Im Unterschied zu ihrem zwanzig Jahre älteren Mann war sie – die Tochter eines reichen Fabrikanten, der eine bedeutende Privatbibliothek besaß – kulturbeflissen und gebildet. Sie hatte die deutsche Peter-und-Paul-Schule absolviert und widmete sich in der Folge vor allem der Malerei und der Poesie. Remisow verdankte ihr sein Talent für Zeichnen und Kalligraphie, aber auch seinen ausgeprägten Sinn für Komik. Die Mutter machte ihn erstmals mit Goethe, E.T.A. Hoffmann und Nikolaj Lesskow vertraut und führte ihn – zusammen mit Jewgenija B. Petuchowa,

Remisows einstiger Amme – in die Welt der Märchen, Legenden und der Bibel ein. Letztere lernte Remisow auch in den Gottesdiensten kennen, die er rege besuchte und die seine Gedankenwelt entscheidend mitprägten. Einbildung und Realität waren für ihn seit jener Zeit nicht mehr voneinander zu trennen. Mit sieben Jahren erprobte Remisow seine Fabulierkunst und schrieb die Erzählung «Der Mörder». (Das Manuskript vernichtete er später eigenhändig.)

Seinen literarischen und zeichnerischen Interessen zum Trotz, immatrikulierte sich Remisow an der Physikalisch-Mathematischen Fakultät der Universität Moskau, doch wurde er 1896 während einer Studentendemonstration, an der er unfreiwillig teilnahm, festgenommen, sodann relegiert und nach längerer Haft ins Gouvernement Pensa verbannt, wo er 1899 – wegen des Versuchs, eine Arbeiterorganisation zu gründen – erneut verhaftet wurde. Er verbrachte mehrere Jahre in Gefängnissen und in der Verbannung. In Pensa übersetzte er Nietzsches «Also sprach Zarathustra», doch erst in Wologda entschied er sich zu selbständiger literarischer Arbeit: dort lernte er, außer den ebenfalls wegen revolutionärer Aktivitäten verbannten Nikolaj Berdjajew und Anatolij Lunatscharskij, 1901 seine künftige Frau, die Paläographin Seraphima Pawlowna Dovgello (1876–1943), kennen, deren Zuspruch und Unterstützung ihn die Schriftstellerei wählen ließen. Immer noch in Verbannung, begann er mit der Arbeit an seinem ersten Roman («Der Teich»), und 1902 erschienen bereits zwei kurze Erzählungen. Während der nächsten Jahre, vor allem nach 1905, als Remisow in Petersburg mit dem dortigen Künstler-, Theater- und Literatenmilieu (Alexander Blok, Andrej Belyj, Dmitrij Mereschkowskij, Wjatscheslaw Iwanow, Iwan Bunin, Leonid Andrejew) in Kontakt kam, entstanden in rascher Folge Erzählungen («Das Teufelchen», «Prinzessin Mymra»), Märchennachdichtungen, apokryphe Legenden, Prosaminiaturen («Der Sonne nach»), Romane («Die Schwestern im Kreuz», «Die Uhr», «Das unzähmbare Tamburin») und Theaterstücke (Trilogie «Rusalienspiele»), so daß Remisow schon 1910–12 eine Werkausgabe in acht Bänden veranstalten konnte. Daneben betätigte er sich, vom Regisseur Wsewolod Meyerhold angeregt, auch als Dramenübersetzer (Strindberg, «Fräulein Julie»; Gide, «Philoctète»; Grabbe; Maeterlinck).

In wenigen Jahren hatte sich Remisow als eigenständiger Schriftsteller etabliert; seine Vorliebe für die Phantastik der Märchenwelt, für altrussische historische Stoffe oder mythologische und apokryphe Themen war ebenso unverwechselbar wie sein an der mündlichen Volkssprache orientierter, gelegentlich kunstvoll-antiquierter Personalstil, der jüngere Prosaautoren (Jewgenij Samjatin, Michajl Prischwin, A.N.Tolstoj, Leonid Leonow) nachhaltig zu beeinflussen vermochte.

Remisows Eigenständigkeit äußerte sich indessen auch im persönlichen Leben: politisch resigniert, nichtsdestoweniger hellhörig und von Natur aus eher ein Einzelgänger, schuf sich Remisow – den Forderungen des Symbolismus nach dem totalen Kunstwerk durchaus entsprechend – eine Privatwelt, die nicht weniger phantastisch anmutete als seine literarische. So gründete Remisow, schon damals bekannt für seinen «grillenhaften und ausgelassenen Humor» (D. S. Mirskij), 1908 eine Art Orden oder Bruderschaft namens «Große und freie Kammer der Affen» (Obeswolpal), zu deren Kanzler er sich ernannte. Als Mitglieder – «Kavaliere» oder «Fürsten» – des Affenordens waren nach der Intention des Gründers Menschen ausersehen, die sich durch Originalität auszeichneten. Viele Schriftstellerfreunde Remisows, wie Belyj, Samjatin, Rosanow und selbst Gorkij, gehörten dem Orden an und besaßen Mitgliederausweise, die Remisow in einer eleganten Kursivhandschrift des 17. Jahrhunderts eigenhändig angefertigt und mit speziellen Signeten sowie der Unterschrift des Affenkönigs Asyka versehen hatte. Das Affensymbol bedeutete für Remisow Freiheit, den «Ausbruch aus der Dreidimensionalität», den Protest gegen Normen und herkömmliche Werte und – in einer Zeit historischer Umwälzungen – «das utopische Gegenbild zur politischen Wirklichkeit» (H. Lampl). Er blieb ihm bis zuletzt treu. – Wer Remisows Wohnung betrat, erblickte eine «Menagerie aller Arten von Spielzeugtieren, Puppen und Elfen» (D. S. Mirskij). Ob in Petersburg zur Zeit des Ersten Weltkriegs, ob in Berlin oder Paris – Remisow empfand immer und überall das gleiche Bedürfnis, «zwischen sich und die Welt kleine private Welten zu bauen» (V. Schklowskij). Und diese seine poetische Weltfremdheit hatte nichts mit Zynismus zu tun.

Die Februarrevolution von 1917 stimmte Remisow skeptisch; in seiner Dokumentarprosa «Rußland im Wirbelsturm» beschränkte er sich denn auch auf die Schilderung von Chaos und allgemeiner Zerrüttung. Nach dem schweren Hungerjahr von 1919 körperlich stark mitgenommen, verließ er 1921 definitiv seine Heimat. Er begab sich zusammen mit seiner Frau nach Reval (wo seine Bücher «Das feurige Rußland» und «Die Geräusche der Stadt» erschienen) und von dort aus weiter nach Berlin.

«In einer kleinbürgerlichen deutschen Wohnung, in einem Zimmer voller fremder Möbel saß ein kleiner gebeugter Mann mit einer großen neugierigen Nase und lebendigen, schelmischen Augen [...]. Auf dem Schreibtisch sah man Manuskripte, die ein Meister der Schönschrift geschrieben, nein: gezeichnet haben mußte. An Bindfäden schwankten diverse Papierteufel: hausbackene und böse, listige und lammfromme. Remisow lachte still vor sich hin.» So erlebte ihn Ilja Ehrenburg 1922 in Berlin, das zu einem wichtigen Refugium russischer Emigranten geworden war. Während seines zweijährigen Berlin-Aufenthaltes lernte Remisow Thomas Mann, Boris Pilnjak sowie verschiedene Maler des Berliner «Sturm» kennen, und hier in Berlin erreichte er in einem einzigen Jahr (1922) die Rekordzahl von 17 Buchpublikationen, Neuauflagen nicht eingerechnet.

Dennoch übersiedelte Remisow Ende 1923 nach Paris, wo er den großen Rest seines Lebens verbringen sollte. Das Pariser Exil erwies sich als schwierig: trotz seiner bedeutenden literarischen Produktivität blieb Remisow eine Figur am Rande des Literaturbetriebs. Er tat sich schwer mit den Verlegern, manche seiner Bücher gab er – mit mühsam verdientem oder erbetteltem Geld – im Selbstverlag heraus. Seraphima Dovgello unterrichtete an der Ecole des Langues Orientales russische Paläographie, um für das Existenzminimum aufzukommen. Doch nicht selten war die materielle Situation des Ehepaars – wie die so vieler russischer Emigranten – prekär, und Remisow, der in Paris Dutzende, wenn nicht gar Hunderte von kostbaren handschriftlichen Alben mit zahlreichen Illustrationen zu eigenen Texten oder zu Werken der Weltliteratur (Tristan-Sage, Turgenjew, Dostojewskij, Tschechow) anfertigte, sah sich oft gezwungen, diese zu verkaufen.

Künstlerischer Erfolg war Remisow in der Emigration nur in geringem Maße beschieden. Zwar wurden manche seiner Bücher gedruckt und übersetzt (so übertrug Romain Rolland die «Schwestern im Kreuz» ins Französische), doch galten sie als anspruchsvoll und ungewöhnlich. (In der Sowjetunion begann die Remisow-Rezeption erst vor kurzem, nachdem Remisow jahrzehntelang als «reaktionärer» Autor totgeschwiegen worden war.) Akzeptiert war Remisow auch in anderer Hinsicht nicht: er, der sich von politischen Gruppierungen und Lagern fernhielt, galt vielleicht gerade deshalb als prosowjetisch und wurde von der Pariser Emigration, mithin von ehemaligen Freunden, zum Außenseiter gestempelt und mit gehöriger Reserve behandelt. (Der «Ausschluß» war definitiv, als Remisow 1946 die sowjetische Staatsbürgerschaft annahm.) Zu diesen und den erwähnten materiellen Problemen kam ein gesundheitliches hinzu: Remisow verlor immer mehr sein Sehvermögen. Der Schaffensdrang allein befähigte ihn, bei 15 Dioptrien weiterzuarbeiten. Die letzten Jahre seines Lebens verbrachte er schließlich in völliger Blindheit.

Noch kurz vor seinem Tod schrieb er ins Tagebuch: «Ein Andrang von Einfällen, doch ich kann sie nicht verwirklichen: die Augen!... Heute schrieb ich den ganzen Tag in Gedanken – und konnte nichts aufschreiben.»

Remisow war von schier unerschöpflicher literarischer Produktivität. Nebst zahlreichen Aufsätzen, Essays, Feuilletons und Rezensionen brachte er – zum Teil auf eigene Kosten – insgesamt 83 Bücher und Broschüren heraus. Gattungsmäßig handelt es sich um Romane, Märchen, Prosaskizzen, Erinnerungen, Legenden, Traumaufzeichnungen, Kommentare zu alten Handschriften, Erzählungen und Tagebücher, wobei Remisow nicht selten Elemente der einzelnen Gattungen zu einer neuen «Gattung» verschmolz und so zur Auflösung herkömmlicher Gattungsformen beitrug. Darin liegt zum mindesten eine seiner modernistischen Neuerungen.

Wie Viktor Schklowskij («Zoo») berichtet, soll Remisow in Berlin einmal gesagt haben, er könne keinen Roman mehr mit den Worten beginnen lassen: «Iwan Iwanowitsch saß an seinem Tisch.» In der Tat war Remisow nie an einer kohärenten Fabel, an realistischem Erzählen interessiert. Einzig in seinem Frühwerk finden sich, unter dem Einfluß Dostojewskijs, gewisse Ansätze dazu: so in den Romanen «Der Teich» und «Die Schwestern im Kreuz», in denen Remisow mit schonungsloser Offenheit das elende Leben in Mietskasernen schildert, oder in der romanhaften Erzählung «Die fünfte Plage», deren Held, ein überaus korrekter, aber herzloser Untersuchungsrichter, in seinem Kampf gegen die kleinstädtische Borniertheit zu einem gerichtlichen Fehlurteil gezwungen wird und seine berufliche Karriere verspielt. In derselben Erzählmanier hat Remisow auch einige subtile Geschichten über Kinder («Prinzessin Mymra», «Der kleine Hahn») sowie Erzählungen über Krieg und Revolution («Der Teekessel», in «Mara. Die Chronik von 1917») geschrieben. Doch schon in der Romanerzählung «Auf azurnem Felde» (1922), der Geschichte des Mädchens Olja (S. P. Dovgello), das die Entwicklung von einem Dorfkind zur Revolutionärin durchmacht, und vollends in deren ergänzten Fassungen («Olja», «Im Rosaglanz») sowie andern späteren Werken («Der tanzende Dämon», 1949; «Mit gestutzten Augen», 1951; «Mäuschens Pfeife», 1953) gab Remisow das realistische Erzählen einer Story, die festgefügte Architektonik der herkömmlichen Prosagattungen auf und entwickelte eine (nach seinen eigenen Worten) bekenntnishafte, nichtsdestoweniger phantastisch wirkende Fabulierkunst, die stark auf die Sprache und deren Musikalität abgestützt war. Dabei versuchte Remisow auch hier, von der Norm loszukommen und den ganzen Reichtum der russischen Sprache auszuloten. Nicht umsonst vertiefte er sich in die Sprache des vorpetrinischen Rußland (Awwakum, Jepifanyj Premudryj) und eignete sich den durch die Volksliteratur überlieferten Wortschatz sowie die Ausdrucksweise der gesprochenen Volkssprache an. Mehr noch als Lesskow, von dem er die Technik des mündlichen Erzählstils («skaz») übernahm, strebte Remisow nach einer «authentischen» und zugleich originellen Sprache, was ihm zweifellos gelang. Remisows Manierismus äußert sich vor allem in der Verwendung ausgefallener, teils archaischer, teils neologistischer Wörter – eine Tendenz, die ihn mit andern Modernisten verband. Dennoch trifft nur auf Remisow zu, was Gorkij voll Anerkennung äußerte: daß sein Werk ein «lebendiges Laboratorium der russischen Sprache» sei. Ähnlich lobend äußerte sich Remisow selbst weder über Dostojewskij noch Tolstoj, sondern über Gogol.

Gogol, der seinerseits sprachlich und thematisch (etwa in den frühen Erzählzyklen «Abende auf einem Vorwerk bei Dikanka», «Mirgorod») aus dem Fundus der (ukrainischen) Folklore schöpfte, war für Remisow – wie seine Gogol-Essays bezeugen – in mehr als einer Hinsicht Vorbild und Geistesverwandter. Gogol besaß vor allem das, was Remisow über alles schätzte: Sinn für das Phantastische und Sinn für Komik.

Gibt es etwas wie ein Remisowsches Credo, so ist es die Ablehnung des toten Buchstabens, der «Rhetorik, moralischer Belehrungen und Binsenwahrheiten» zugunsten all dessen, was aus den Tiefen des Irrealen, aus Traum und Phantasie entspringt.

«Ich liebe alles, was nicht ‹real› ist», notierte Remisow 1948, «Beschreibungen des ‹realen› Lebens sind für mich wie Kartoffelschalen oder Schreibübungen.» Und in seinem Dostojewskij-Essay «Wermut-Stern», dem er das Motto «Ist es nicht einerlei, ob etwas im Traum oder im Wachzustand geschieht» voranstellte, heißt es: «Je unwahrscheinlicher die Wirklichkeit, desto wirklicher, desto wahrer ist sie. Und nur in dieser tiefen, unglaublichen Realität kann man die ‹Ursache› menschlicher Handlungen entdecken.»

Diese Einstellung erklärt nicht nur Remisows Affinität zu Träumen (die er regelmäßig aufzeichnete), sondern auch zur Welt der *Märchen* und *Legenden.* Er ging so weit, zu behaupten, daß man nur durch die «Schaffung von Legenden und Märchen das Wesen des Menschen erklären» könne. Ehrenburg nannte ihn zu Recht einen «Dichter und Märchenerzähler».

«Wie die Träume», schrieb Dmitrij S. Mirskij über die Märchenwelt des Dichters, «so haben auch die Märchen ihre eigene, dem normalen Denken völlig fremde Logik. Die Art, wie sich Remisow diese Logik des Märchens zu eigen machte, bildet den besonderen Reiz seiner zahlreichen ‹skazki› (Märchen). Einige sind ganz seine eigene Erfindung und mit der Heldin aus ‹Auf azurnem Felde›, Olja, verknüpft. Sie wurden in dem Band ‹Märchen des Affenkönigs Asyka› (1922) gesammelt; köstlich ist es, zu lesen, wie seltsam und überzeugend Remisow all jene Hasen, Bären und Mäuse zum Leben erweckt, wie unheimlich und doch vertraut all diese Kobolde und Dämonen erscheinen und wie ansteckend ihre Traum-Logik wirkt. Von der gleichen Art, diesmal freilich ohne jene Atmosphäre aus dem Kindertraumland, sind die ‹Märchen des russischen Volkes› (1923), die zwar auf echte Volksmärchen zurückgehen, unter den Händen Remisows aber zum Leben erwachen. Im gleichen Stil stellen sich die Nikolaus-Parabeln (1917–24) vor, die jedoch ernster gemeint sind und nach Remisows eigenen Worten das religiöse Glaubensgut des russischen Volkes spiegeln. Diese Parabeln stellen gleichsam das Bindeglied zwischen den Märchen und den Legenden dar.

Einige dieser Legenden, insbesondere jene in dem Bande ‹Trava-Murava› (1922), sind nur humorvolle und spannende Abenteuer- und Wundergeschichten im Stil des spätgriechisch-byzantinischen Romans.»

Was die Märchen bzw. Märchennachdichtungen angeht, von denen im folgenden die Rede sein soll, so wäre anzumerken, daß Remisow auch nichtrussische Vorlagen verwendet und Sammlungen tibetanischer, kaukasischer und sibirischer Märchen herausgebracht hat. In erster Linie ging es ihm freilich um russisches Märchengut, das er sich schon früh zu bearbeiten anschickte. Ab 1905 erschienen in Zeitschriften vereinzelte Märchennacherzählungen, und 1914 veröffentlichte Remisow unter dem Titel «Geistiges Ansinnen und heiterer Witz» (Dokuka i Balagur'e) seine erste Märchensammlung, die auch unserer Ausgabe zugrunde liegt. (Teile daraus wurden von Remisow in der Folge verschiedentlich nachgedruckt.) Remisow kommentierte später: «Rußland selbst ist das Sujet, als wäre es ein lebendes Wesen. Aus dem Material suchte ich die Volksweisheit heraus: ... die Gedanken des russischen Volkes und seine Antworten auf Lebensfragen. Hinzu kam der heitere Witz. Das Wunderbare, das Seltsame im Alltäglichen...»

Remisow stützte sich auf bestehende Volksmärchen, welche zum überwiegenden Teil der Sammlung N. E. Ontschukows («Nördliche Märchen», Petersburg 1908) entstammten. Als seine Aufgabe sah er an, «das schwer zugängliche und schwer verständliche Märchenmaterial nicht nur auszubreiten, sondern auszuformen». Präzisierend meinte er: «Eine ‹Nacherzählung› ist nie ein Abklatsch. Sondern die Rekonstruktion des Uroriginals des Augenzeugen.» Dennoch wurde Remisow wegen dem Märchen «Das Mausjunge», das in die vorliegende Sammlung eingegangen ist, des Plagiats bezichtigt und massiver Kritik unterworfen. Unglücklicherweise war die von Remisow gemachte Quellenangabe in der Druckfassung unterschlagen worden. Remisow antwortete allzu dezent auf die ungerechten Anschuldigungen, nichtsdestoweniger gab er interessante Hinweise zu seiner Arbeitstechnik und erläuterte seine Prinzipien bei der Nacherzählung von Märchen. Remisow stellt seine Arbeit dabei in den Zusammenhang der «Wiederbelebung des volkstümlichen Mythos», den er fragmentarisch in brauchtumsmäßigen Spielen und Liedern, in Sprichwörtern, Rätseln, Zaubersprüchen und Formen des Volksaberglaubens manifestiert sieht. Im Falle eines in sich geschlossenen, weitgehend selbständigen Märchentextes erblickt Remisow seine Aufgabe in der «Amplifikation», d. h. in der Ergänzung des Textes bzw. in der Ausgestaltung von Details, mit der Absicht, «dem Märchen eine möglichst ideale Gestalt zu geben». Die Kunst des Nacherzählens besteht nach Remisow darin, das jeweils richtige Maß für solche schöpferischen Eingriffe zu finden.

In praxi war Remisows «Beitrag» wohl größer, als seine theoretischen Äußerungen dies vermuten lassen. Der Vergleich mit den Vorlagen, im gegebenen Fall mit der Ontschukowschen Sammlung, läßt, wie Friedrich Scholz nachgewiesen hat, vor allem zwei Tendenzen erkennen: «Die russischen Märchen sind unter Remisows Hand auf der einen Seite individualistischer und psychologischer geworden und entsprechen somit eher dem Literatur- und Menschenverständnis des beginnenden zwanzigsten Jahrhunderts, der Zeit ihrer Entstehung, auf der andern Seite sind sie in seiner Bearbeitung sozusagen ‹russischer› geworden, d. h. stärker den Traditionen des russischen Brauchtums und der russischen Geschichte verhaftet und sprachlich ein breiteres Spektrum der russischen Sprache reflektierend, indem volkssprachliche und dialektale Elemente und solche der russischen Sprache früherer Jahrhunderte zu einem neuen Ganzen verschmolzen sind.»

Die Individualisierung zeigt sich etwa in der Namengebung: sind bei Ontschukow in 40 von 47 Märchen die Helden namenlos, so sind es bei Remisow in seinen 53 Märchen nur 12; außerdem verwendet Remisow häufig volkstümliche oder altertümliche, nicht selten auch sprechende Namen («Sila» – Kraft, «Semiklej» – Siebenleim, «Samowarow» – von «Samowar», «Mertwjak» – von «mertwyj» = tot, «Molokita» – von «moloko» = Milch, «Tschajna» – von «tschaj» = Tee, «Kuruschka» – von «kuruscha» = Truthenne). Psychologisierend verfährt Remisow dort, wo er den stereotyp-schematisch gezeichneten Märchenhelden Gefühle zuschreibt oder sie selber Gefühle äußern läßt. Zu nennen wären die Eifersucht Warwaras auf ihre Schwägerin Palageja («Die Verleumdete»), der Zustand des Toten im Grab («Der Tote»), die Gefühle der mit einem ungeliebten Mann verheirateten Marja («Die Erkorene»), der angestachelte Ehrgeiz des Skomorochen («Der Skomoroch»), die Eifersucht des blinden Semiklej («König Salomo»), die Neugier und Geschwätzigkeit der alten Kondratjewna («Die Gevatterin»). Beide Verfahren – Individualisierung und Psychologisierung – stehen im Zusammenhang mit Remisows Vorliebe für das prägnante Detail («die Details verleihen dem Märchen seine Märchenhaftigkeit») und für Ausschmückung. So beschreibt Remisow in aller Ausführlichkeit das Aussehen des Waldschrats und des Knochenmanns und im Märchen «Der Flieger» das bunte Jagdrevier des Jägers Archipp. Seine Nacherzählungen sind deshalb oft beträchtlich länger als die Vorlagen.

Mit den erwähnten individualisierenden Tendenzen kontrastiert Remisows Bestreben, seinen Märchen einen archaisch-volkstümlichen Charakter zu geben: Remisow verwendet, im Unterschied zur Vorlage, symbolträchtige Zahlen («drei Werst», «vierzig Diebe, Räuber und Wegelagerer», «zwölf Räuber»), vor allem aber greift er zu einem sprachlichen Arsenal von Redewendungen und Stilfiguren aus Heldensagen (Bylinen), Heiligenviten, alten Chroniken, Liedern und Sprichwörtern, womit er das ganze Spektrum zwischen archaischer und volkstümlich-dialektaler Diktion abdeckt. Diese «systematische Stilisierung» (F. Scholz), die immer auch musikalisch-rhythmische Momente berücksichtigt, gibt dem Übersetzer oft unüberwindliche Schwierigkeiten auf. In jedem Fall muß er versuchen, Inhalt und Form so kunstvoll aufeinander abzustimmen, wie Remisow es getan hat.

Die 53 Märchen – 46 stammen aus Ontschukows Sammlung – hat Remisow nicht thematisch, sondern vorwiegend nach Typen bzw. Menschen- und Geistergruppen geordnet: «Russische Frauen» (der Titel dürfte auf Nikolaj Nekrassows gleichnamiges Poem zurückgehen), «König Salomo und Goroskat», «Diebe», «Herren» (Wald- und Naturgeister). Bei den Überschriften «Weltliche Rätsel», «Scherzhafte Geschichten» handelt es sich um Quasi-Gattungsbezeichnungen. – Geht man von einer inhaltlichen Bestimmung aus, präsentieren sich die meisten Texte als Zaubermärchen, wie sie in Rußland sehr beliebt waren. Ein Mädchen, das seinen Bruder heiraten wollte, stürzt in die Erdentiefe, stößt auf die Hütte der Hexe Baba-Jaga und trifft dort nebst vielerlei Getier Aljona, die ebenfalls für ihre Bruderliebe büßt. Mit viel List gelingt ihnen die Flucht, und wie Baba-Jaga im Mörser den Flüchtigen nacheilt, werfen die Mädchen drei Zaubergegenstände hinter sich, und diese werden zu mächtigen Hindernissen. Baba-Jaga resigniert, die Mädchen aber gelangen heil an die Erdoberfläche und heiraten eine jede der andern Bruder. Das Inzest-Tabu bleibt aufrechterhalten («Die Brüderliche»). – Unwahrscheinliches erscheint im Märchen plausibel, erfüllt es doch eine höhere moralische Funktion: so wird ein Toter, den übermütige Burschen im Grabe aufstöberten, lebendig und wächst mit seinen Störenfrieden zusammen («Der Tote»); so gelingt es dem armen Iwan, seine Armut in Gestalt eines winzigen Hutzelweibs zu begraben und für immer loszuwerden («Die unglückliche Not»); und die kleine «Aschenbrödel»-Schwester findet in ihrer Fichte, die sie liebevoll großgezogen, so prächtige Gewänder, daß sie wie eine Zarin vor dem Zarensohn erscheint und bald darauf zur Königin wird («Die schöne Fichte»).

Remisows Märchen sind oft lyrisch, ernst und von psychologischem Tiefsinn, manchmal aber auch witzig und skurril: da heiratet die Prinzessin Kuruschka mit den Lauspantöffelchen unerwartet einen Seeräuber («Die wunderbaren Schuhe»), ein frommes altes Ehepaar beißt sich wegen eines Mäuschens im heftigen Wortgefecht fast die Zunge ab und bleibt doch hungrig («Das Mausjunge»), der arme Bauer Sot schlägt aus seiner Armut Kapital und führt mit seinem Tierfellgewand jene hinters Licht, die ihn bestrafen wollten («Hundeschweif»), König Salomo aber spricht schon im Mutterschoß Sentenzen und wird von der Königin gegen den «normalen» Sohn des Hofschmieds eingetauscht, bis ihn seine Weisheit schließlich entlarvt («König Salomo»).

Remisow hat die Mechanismen des Märchens nicht nur durchschaut, sondern meisterhaft beherrscht. In aller Selbstverständlichkeit konnte er daher sagen: «Im Märchen ist manches, wenn man es mit nüchternem Auge betrachtet, ungereimt. Aber wenn diese Ungereimtheit überzeugend wirkt, ist sie gerechtfertigt.»

Ilma Rakusa

Katharina Geib: *Aleksej Michajlovič Remizov. Stilstudien.* Wilhelm Fink, München 1970

Felix Philipp Ingold: «A. M. Remisow und F. M. Dostojewskij». In: *Librarium,* Heft II, August 1977, Zürich

Horst Lampl: «A. M. Remizov. Dokuka i Balagur'e. Russische Märchen» [Rezension]. In: *Kritikon Litterarum,* 5 (1976), Darmstadt

Dmitrij S. Mirskij: «Remizov». In: *Geschichte der russischen Literatur.* R. Piper, München 1964

Friedrich Scholz: «Vom Volksmärchen zum volkstümlichen Kunstmärchen. Aleksej Michajlovič Remizov als Märchenerzähler». In: A. M. Remizov, *Dokuka i Balagur'e.* Russische Märchen. Nachdruck der Ausgabe Petersburg 1914. Wilhelm Fink, München 1976.

Seite

58 *Baba-Jaga:* mythologisches Wesen, Märchenfigur in slawischen Märchen. Erscheint entweder als freundliches altes Weib, das dem Jüngling, der sich verirrt hat, den Weg weist, oder (wie im vorliegenden Fall) als böse Hexe mit Knochenbeinen, die im Walde in einem Hüttchen auf Hühner- oder Auerochsfüßen haust und mit Mörser und Besen durch die Luft fliegt.

91 *Semiklej:* sprechender Name, dt. «Siebenleim».

99 *König Goroskat:* Anspielung auf Peter den Großen (Peter I.). Vgl. «der Erste unter den Königen» (S. 102); Aufenthalt im Ausland, um zu lernen; Lebensweise als einfacher Handwerker u. a.

102 *«Hätte der König gewußt, daß in seinem Reich Samowar-Handwerker lebten, die einen Floh beschlagen konnten, so wäre das Mädchen nicht Königin geworden...»:* Anspielung auf Nikolaj Lesskows Erzählung «Der Linkshänder» (1881), die gleichzeitig Remisows Russophilentum verrät: hätte der Zar (Peter I.) um die Begabung der eigenen Leute gewußt, hätte er sich nicht ans westliche Ausland wenden müssen.

121 *Milionnaja:* Straße im Zentrum von Petersburg.

121 *Fontanka:* Kanal und Quai in Petersburg.

132 *Molokita:* abgeleitet von russ. «moloko», Milch.

132 *Tschajna:* abgeleitet von russ. «tschaj», Tee.

187 *Starez* (pl. Starzen): russischer Mönch, Einsiedler. Das Starzentum kam vom Athos nach Rußland, seine eigentliche Entwicklung setzte Ende des 15. Jahrhunderts ein, seine Blüte fiel ins 19. Jahrhundert (vgl. Starez Sossima in Dostojewskijs «Brüder Karamasow»).

231 *Skomoroch:* Sänger, Spielmann, wandernder Komödiant (verächtlich auch: Possenreißer, Hanswurst). Die Skomorochen galten während mehrerer Jahrhunderte (11.–17. Jh.) als wichtige Träger der russischen Volkskultur (Musik, Tanz, Theater).
Remisow läßt sein Märchen etwa im 16./17. Jahrhundert spielen, als Ansehen und Einfluß der Skomorochen nachzulassen begannen. (Vgl. auch «Der Bärenführer», S. 256).

236 *Jegorij:* Georg der Drachentöter. Galt in Rußland als Schutzheiliger des Ackerbaus und der Viehzucht. Sein Fest wurde am 23. April sowie am 26. November (alten Stils) begangen. Bei Remisow wird auf letzteres Datum angespielt.

237 *Deßjatine:* altes russisches Flächenmaß; 1,09 ha.

247 *Kuruschka:* Verkleinerungsform von «kuruscha», die Truthenne.

247 *Mertwjak:* abgeleitet von russ. «mertwyj», tot.

Bei Remisows Märchensammlung («Dokuka i Balagur'e») handelt es sich im wesentlichen um Nacherzählungen aus den «Nördlichen Märchen» («Severnye skazki») von *N. E. Ončukov* (SPb. 1908). Die nachfolgende Liste enthält die von Remisow mitgeteilten Quellenangaben zu jenen Märchen, die *nicht* der Ončukovschen Sammlung entnommen sind:

«Die schöne Fichte»: Zapis' skazki v Grjazoveckom uez. Vologodsk. gub. (Tonaufzeichnung)

«Diebe»: Zapis' skazki Sol'vyčegodskago uez. Vologodsk. gub. (Tonaufzeichnung)

«Der Dieb Barma»: Zapis' skazki Moskovskaja (Tonaufzeichnung)

«Der Tote»: «Živaja starina», vyp. 1, 1911 g., st. A. Vasil'eva, str. 117
«Der Skomoroch»: «Živaja starina», vyp. 1, 1897 g., st. S. V. Maksimova, str. 112
«Der Heldenhund»: «Živaja starina», vyp. 1, 1911 g., st. A. Vasil'eva, str. 117
«Der Bärenführer»: «Živaja starina», vyp. 1, 1911 g., st. A. Vasil'eva, str. 117.

Inhalt

Russische Frauen

König Salomo und König Goroskat

Diebe

Herren

Weltliche Rätsel

Scherzhafte Geschichten